Wissenschaftliche Beiträge aus dem Tectum Verlag

Reihe Sozialwissenschaften

Wissenschaftliche Beiträge
aus dem Tectum Verlag

Reihe Sozialwissenschaften
Band 87

Feli Siffert & Maureen Brändle

Es ist nicht so leicht, so schlank zu sein

Das Körperideal und seine Auswirkungen auf das subjektive Körperbild junger Frauen

Tectum Verlag

Feli Siffert & Maureen Brändle
Es ist nicht so leicht, so schlank zu sein
Das Körperideal und seine Auswirkungen
auf das subjektive Körperbild junger Frauen
Wissenschaftliche Beiträge aus dem Tectum Verlag
Reihe: Sozialwissenschaften; Bd. 87

ISBN: 978-3-8288-4047-8
ePDF: 978-3-8288-6869-4
ePub: 978-3-8288-6870-0
ISSN: 181-8049

Umschlaggestaltung: Tectum Verlag, unter Verwendung des Bildes # 44946830
von Kzenon | www.fotolia.de

Druck und Bindung: docupoint GmbH, Barleben

Printed in Germany

Besuchen Sie uns im Internet
www.tectum-verlag.de

Bibliografische Informationen der Deutschen Nationalbibliothek
Die Deutsche Nationalbibliothek verzeichnet diese Publikation in der Deutschen Nationalbibliografie; detaillierte bibliografische Angaben sind im Internet über http://dnb.d-nb.de abrufbar.

Inhaltsverzeichnis

Einleitung

> „Ein bisschen Magersucht, ein bisschen Bulimie. Es geht mir nicht total gut gerade, aber ich denke, das geht allen Frauen so." (Amy Winehouse im Interview mit dem Daily Mirror im Oktober 2006 zit. n. McRobbie 2010, S. 136).

Möglicherweise würden heute viele junge Frauen dieses Zitat von Amy Winehouse bestätigen. Denn in unserer heutigen – durch Individualisierung und Pluralisierung der Lebensformen- und stile gekennzeichneten – Gesellschaft, ist zu beobachten, dass eine instrumentalisierte Überbetonung des körperlichen Erscheinungsbildes zum Zweck der Selbstdarstellung stattfindet, die eng mit der Forderung an das Individuum in Verbindung steht, permanent in eigener Verantwortung nach Selbstoptimierung zu streben (vgl. McRobbie 2010, S. 132, 136; Stahr et al. 2003, S. 68, Daszkowski 2003, S. 29). So setzen die durch den gesellschaftlichen Strukturwandel entstandenen, scheinbar grenzenlosen Möglichkeiten der Lebenslaufgestaltung insbesondere junge Frauen unter Druck, diese neu gewonnenen Möglichkeiten auch auszuschöpfen und das Beste für sich herauszuholen (vgl. Wunderer 2015, S. 18; Gugutzer 2014, S. 2 f.). Da der Körper als Bindeglied zwischen dem Selbst und der Umwelt fungiert, eignet sich das äußere Erscheinungsbild in besonderer Weise dazu, das Image einer gekonnten Erfüllung der kulturellen Forderung nach Perfektion auszudrücken (vgl. Daszkowski 2003, S. 10 f.; Posch 2009, S. 12). Somit gilt körperliche Attraktivität als Grundvoraussetzung für ein gelungenes, am gesellschaftlichen Aufstieg orientiertes Leben (vgl. Posch 2009, S. 11). Dabei gilt ein schöner Körper als Garant für sozialen, d. h. privaten und beruflichen Erfolg (vgl. ebd., S. 21 f.). So wird der schöne und ständig zu bearbeitende Körper zum Symbolbild der erfolgreichen Selbstoptimierung (vgl. McRobbie 2010, S. 98).

Unterstützt wird diese instrumentalisierte Überbetonung des körperlichen Erscheinungsbildes, das es in eigener Verantwortung zu gestalten gilt, durch die Medien. Denn diese verbreiten einerseits flächendeckend ein weibliches Körperideal, das vor allem durch eine extrem schlanke Silhouette geprägt ist und somit weitestgehend nicht mit der biologischen Variabilitätsbreite real existierender Frauenkörper übereinstimmt und insbesondere nicht mit der spezifisch weiblichen Fettverteilung (vgl. Daszkowski 2003, S. 67, 71). Andererseits wird widersprüchlicherweise gleichzeitig die Botschaft übermittelt, dass jede Frau diesem Schlankheitsideal gerecht werden kann, wenn sie sich nur genügend anstrengt (vgl. Posch 2009, S. 21 f.). So werden Frauen durch die Medien dazu aufgefordert, ihren Körper in Richtung dieses Ideals zu bearbeiten (vgl. McRobbie 2010, S. 98).

Wenn das Aussehen nicht mehr als biologisches Schicksal, sondern als persönliche Leistung angesehen wird und dementsprechend in der eigenen Verantwortung liegt, dann ist die Entwicklung eines negativen Körperbildes zwangsläufig vorprogrammiert (vgl. Gugutzer 2014, S. 2). Vor diesem Hintergrund wundert es nicht, dass heute in den westlichen Industrieländern das subjektive Körpererleben bei immer mehr Frauen durch eine verzerrte Selbstwahrnehmung getrübt ist (vgl. Daszkowski 2003 S. 7, 15). Dies führt auf individueller Ebene häufig zu psychischen und physischen Belastungen (vgl. ebd., S. 94). So ist die Anzahl derjenigen, die unter einer klinischen Körperbildstörung leiden, in den letzten Jahrzehnten in unserer Gesellschaft insgesamt angestiegen (vgl. Brunhoeber 2009, S. 49, 71; Daszkowski 2003, S. 21; Baumann 2011, S. 69). Auch wenn aus Untersuchungen hervorgeht, dass auch zunehmend Männer unter Körperbildstörungen leiden, sind immer noch mehrheitlich Frauen und insbesondere junge Frauen von diesem Phänomen betroffen (vgl. Daszkowski 2003, S. 33; Baumann 2011, S. 69; Herpertz et al. 2008, S. 11). Aber vor allem auch subklinische Körperbildstörungen, also Störungen, die die diagnostischen Kriterien der klinischen Störungsbilder noch nicht ganz erfüllen, stellen in besorgniserregender Weise ein weit verbreitetes Phänomen unter Frauen dar (vgl. Boothe/ Riecher-Rössler 2013, S. 174; Universität Bielefeld 2012; Daszkowski 2003, S. 8, 16).

So scheint es, als wären in unserer heutigen Zeit kollektiv auftretende körperbezogene Minderwertigkeitsgefühle (Gefühle des Versagens oder der Überforderung) sowie die häufig daraus resultierenden selbstschädigenden, körperdisziplinierenden Verhaltensweisen strukturell angelegt (vgl. Gugutzer 2014, S. 2). Allerdings werden für die

Zunahme der Körperbildprobleme in jüngerer Zeit insgesamt weniger die gesellschaftlichen Rahmenbedingungen, sondern vermehrt die Medien verantwortlich gemacht (vgl. Baumann 2011, S. 69; McRobbie 2010, S. 133). Solche pragmatischen Ursache-Wirkungs-Debatten greifen jedoch zu kurz, da hierbei die Herstellung des zu Anfang genannten gesellschaftstheoretischen Bezugsrahmens unberücksichtigt bleibt (vgl. McRobbie 2010, S. 132, 136; Stahr et al. 2003, S. 68). So lässt eine einseitige Betrachtungsweise, bei der die Medien allein für die Zunahme der Körperbildprobleme durch die Verbreitung des Schlankheitsideals verantwortlich gemacht werden, außer Acht, dass sie lediglich die gesellschaftliche Bedeutung von Attraktivität sowie die Leistungsorientierung aufgreifen, verbreiten und verstärken (vgl. Gartmann 2008, S. 14; McRobbie 2010, S. 98).

Zudem ist darauf hinzuweisen, dass trotz der zunehmenden Körperunzufriedenheit in der Allgemeinbevölkerung immer noch vor allem die klinischen Störungsbilder – und hier in erster Linie Essstörungen – im Zentrum der Aufmerksamkeit der bisherigen wissenschaftlichen Erforschung sowie auch im öffentlichen Interesse stehen (vgl. Röhricht et al. 2005, S. 184). Dadurch allerdings, dass erst die Extreme hinterfragt werden, wird problematischerweise die Absurdität der weit verbreiteten körperbezogenen Unzufriedenheit und die damit in Verbindung stehende alltägliche Praxis der gesellschaftlich geforderten Körperdisziplinierung und -optimierung zur scheinbar unbedenklichen Normalität. So werden Körperunzufriedenheit und -disziplinierung in die Vorstellung dessen, was eine „normale" Frau ausmacht, integriert, statt zum Gegenstand sozialer und gesellschaftlicher Analyse gemacht zu werden (vgl. McRobbie 2010, S. 131, 151). Folglich wäre es angebracht, auch vermehrt die subklinischen Körperbildstörungen, von denen insbesondere junge Frauen betroffen sind, und die für sie damit einhergehenden psychischen und physischen Belastungen und Beeinträchtigungen in den Blick zu nehmen, d. h. das Forschungsinteresse vermehrt auf dieses Thema zu lenken bzw. das öffentliche Bewusstsein dafür zu sensibilisieren.

Im Sinne der bisherigen Ausführungen setzen wir uns im Rahmen dieses Buches anhand von wissenschaftlicher Literatur und Studienergebnissen aus den Bereichen der Sozialwissenschaften sowie der Psychologie mit der folgenden Fragestellung auseinander: „Inwieweit wirkt sich das gesellschaftliche, medial flächendeckend verbreitete Körperideal auf das subjektive Körperbild junger Frauen aus?“

Im Hinblick auf diese Leitfragestellung ist an dieser Stelle darauf hinzuweisen, dass wir uns, wenn wir im weiteren Verlauf dieses Buches von jungen Frauen sprechen, auf junge Frauen in der Adoleszens sowie im jungen Erwachsenenalter beziehen.

Das Problemfeld gesellschaftlich bedingter Körperbildbeeinträchtigungen junger Frauen, das wir im Folgenden beleuchten, ist für die Soziale Arbeit von wesentlicher Bedeutung. Denn Soziale Arbeit hat den Auftrag, Unterstützung zu leisten, wenn gesellschaftliche Rahmenbedingungen auf individueller Ebene zum Problem werden (vgl. DBSH 2009, S. 13; Heiner 2010, S. 101 ff.). Durch die steigende Anzahl der betroffenen Frauen kommen SozialarbeiterInnen in unterschiedlichen Arbeitsfeldern direkt oder indirekt zunehmend mit diesem Thema in Berührung (vgl. Wunderer 2015, S. 111). Also ist es für SozialarbeiterInnen unabdingbar, ein Verständnis für die Ursachen und die psychischen und physischen Folgeschäden von Körperbildstörungen zu entwickeln sowie sich eingehende Kenntnisse hierzu anzueignen, um betroffene Frauen wirkungsvoll unterstützen zu können (vgl. ebd., S. 28 f., 422). Daher ist es auch von besonderer Bedeutung, sich damit auseinanderzusetzen, wie ausgeprägt diese Belastungen und Einschränkungen auch jenseits von klinischen Störungsbildern für junge Frauen sein können – also für eine weitaus größere Bevölkerungsmasse als bezüglich des Themas bisher allgemein angenommen wird.

Um die des Buches zugrundeliegende Fragestellung beantworten zu können, ist es erforderlich, in den ersten Kapiteln dieser Ausarbeitung zunächst vertiefend auf das komplexe Zusammenspiel der gesellschaftlichen Rahmenbedingungen und der medialen Suggestion einzugehen sowie ein Verständnis dafür zu entwickeln, auf welche Weise das damit in Verbindung stehende extrem schlanke weibliche Körperideal – unter Berücksichtigung individueller Faktoren – Einfluss auf das subjektive Körperbild von jungen Frauen nimmt (Kapitel 1, 2, 3, 4). In diesem Zusammenhang möchten wir darauf hinweisen, dass wir uns in unserer Ausarbeitung in erster Linie auf die extreme Schlankheit beziehen, die das Körperideal in ganz besonderer Weise kennzeichnet.

Der darauffolgende Teil des Buches widmet sich der Beantwortung der zugrundeliegenden Leitfrage. Dementsprechend werden wir hier die konkreten vielschichtigen Belastungen und Beeinträchtigungen aufzeigen, die sich im Zusammenhang mit der gesellschaftlich geforderten Schlankheit für junge Frauen auf individueller Ebene ergeben können. Zudem werden wir anhand von Studienergebnissen darlegen, warum heute von einer normativen weiblichen Körperunzufriedenheit gesprochen werden kann (Kapitel 5).

Anschließend werden wir der Frage nachgehen, inwiefern diese Belastungen und Einschränkungen im Leben betroffener junger Frauen von ihnen selbst sowie von der Gesellschaft bzw. der Öffentlichkeit auch tatsächlich als Problem wahrgenommen werden.

Ziel dieses Buches ist herauszuarbeiten, inwieweit auch Frauen, die unter subklinischen Erscheinungsformen der Körperbildstörung, deren Entstehung und Aufrechterhaltung an das gesellschaftliche Körperideal gebunden sind, leiden, eine Zielgruppe der Sozialen Arbeit darstellen und welcher Handlungsbedarf bzw. welche Handlungsempfehlungen sich daraus für SozialarbeiterInnen ergeben (Kapitel 6). Der Abschluss des Buches erfolgt durch ein Fazit (Kapitel 7).

1. Der Körper als sinnstiftende Instanz

Zu Beginn des ersten Kapitels werden wir aufzeigen, warum das äußere Erscheinungsbild in unserer heutigen Zeit eine zentrale Rolle spielt, und darlegen, was Menschen dazu veranlasst, nach einem schönen Körper zu streben. Anschließend werden wir der Frage nachgehen, auf welche Weise die gesellschaftlichen Rahmenbedingungen dazu beitragen, dass besonders Frauen dazu neigen, sich an gesellschaftlichen Körperleitbildern zu orientieren. Das im ersten Kapitel dargelegte Hintergrundwissen stellt im weiteren Verlauf des Buches eine wichtige Grundlage für die Beantwortung der Leitfragestellung dar.

1.1 Im Zeitalter unserer Körperkult-orientierten Gesellschaft

Im Zuge des gesellschaftlichen Individualisierungsprozesses wird das heutige Leben als ein individuelles Projekt betrachtet, das mit einer Plan- und Kontrollierbarkeit der eigenen Biographie einhergeht (vgl. Thies 1998, S. 53; McRobbie 2010, S. 42). „Das geforderte Selbstmanagement macht moderne Menschen zu Verwaltern ihres persönlichen Glücks" (Posch 2009, S. 53), für das nun jeder selbst verantwortlich ist. Die Leitlinien für eine gelungene Lebensführung stellen gegenwärtig Autonomie, Einzigartigkeit und Selbstverwirklichung durch persönliches Bemühen dar (vgl. Stahr et al. 2003, S. 84). Die Suche nach Identität, Halt, Sicherheit und Orientierung im Leben wird in unserer heutigen individualisierten Gesellschaft gleichbedeutend mit Sinnfindung betrachtet (vgl. Gugutzer 2007, S. 4). Somit ist die Entwicklung einer optimierten Identität, die es beständig zu vermarkten gilt, im Zuge der Moderne „zu einer gesellschaftlichen Notwendigkeit und permanenten Aufgabe des/der Einzelnen geworden" (Stahr et al. 2003, S. 76).

Die Identität baut auf verschiedenen Teilkonzepten auf, zu denen bspw. Arbeit und Leistung, soziale Beziehungen, aber auch in bedeutendem Maße die Körperlichkeit gehören, die in einem selbstreflexiven

Prozess immer wieder neu erarbeitet und ins Gleichgewicht gebracht werden müssen (vgl. Stahr et al. 2003, S. 76; Klein 2003, S. 12). Allerdings vollzieht sich die Entwicklung der Identität in den Bereichen Familie, Partnerschaft, Beruf und Gesellschaft in verminderter Weise normgeleitet und dadurch auch immer weniger handlungsentlastend (vgl. Kluge et al. 1999, S. 11). Die normative Grundhaltung der gesellschaftlichen Moderne verlangt eine einseitige Entwicklungsperspektive in Richtung Ablösung und Unabhängigkeit (vgl. Stahr et al. 2003, S. 77). Identität kann sich sozusagen nicht mehr naturwüchsig in Form von Erfüllung vorgegebener Rollen und Zuordnung zu einer speziellen sozialen Gruppe, Rasse, Klasse oder Geschlecht bzw. durch das Erreichen festgelegter Entwicklungsstufen herausbilden (vgl. Stahr et al. 2003, S. 76; McRobbie 2010, S. 41 f.). Die eigenen Interessen werden immer mehr über die Interessen der Gemeinschaften gestellt (vgl. Stahr et al. 2003, S. 77; Posch 2009, S. 49). Denn je weniger verlässliche Anhaltspunkte durch die Gesellschaft vorgegeben werden, desto wichtiger wird die eigene Identität sowie die persönliche Sicherheit und Orientierung (vgl. Posch 2009, S. 40; Stahr et al. 2003 S. 80).

Der Zwang zur Selbstverwirklichung und zum autonomen Denken und Handeln verlangt von jungen Menschen, ihre Probleme alleine zu lösen (vgl. Stahr et al. 2003, S. 78; McRobbie 2010, S. 41 f.). Jedoch werden Entscheidungen im Zuge des Pluralisierungsprozesses, wie das „Projekt Leben" in optimaler Weise zu gestalten ist, durch die steigende Vielfalt an alternativen Wahlmöglichkeiten bzw. -pflichten in den verschiedenen Lebensbereichen immer schwieriger (vgl. Posch 2009, S. 54). Die „umfassende[n] materielle[n] und soziale[n] Veränderungsprozesse in den Arbeits- und Haushaltsformen, Lebensweisen und Beziehungsmustern haben [durch die Freisetzung aus traditionellen Normen und Bindungen, Anm. des Verf.] im Verlauf des Modernisierungsprozesses zu einer starken Verunsicherung des Individuums geführt" (Stahr et al. 2003, S. 76). Beck und Beck-Gernsheim (1994) sprechen in diesem Zusammenhang von einem „Zeitalter der Verunsicherung" mit „riskanten Freiheiten" (vgl. Thies 1998, S. 53). Freiheit ist untrennbar mit Verantwortung verknüpft und „vergrößert den Handlungsspielraum und Lebenschancen, aber sie vergrößert auch Stress (...) die richtige Wahl zu treffen" (Posch 2009, S. 59). Dieser Selektionszwang führt folglich zu Überforderung sowie Orientierungslosigkeit und bringt die Suche nach neuen entlastenden Leitideen mit sich (vgl. Kluge et al. 1999, S. 11; McRobbie 2010, S. 42).

Gerade das Körperideal – auf das wir im nächsten Kapitel ausführlicher eingehen werden – bietet in diesen unsicheren und instabilen Zeiten scheinbare Sicherheit. Denn während sich die Entwicklung der Identität in den Bereichen Familie, Partnerschaft, Beruf und Gesellschaft – wie bereits erwähnt – in verminderter Weise normgeleitet vollzieht, wird die Körperlichkeit als wesentlicher Bestandteil der Identität immer bedeutungsvoller, d. h. zur Schlüsselkomponente von Identität. So soll das äußere Erscheinungsbild – sofern es den gesellschaftlichen Normen von Schönheit entspricht – zur Stabilisierung der Identität beitragen, also eine handlungsentlastende Funktion einnehmen (vgl. Kluge et al. 1999, S. 11; Posch 2009, S. 37). „Wenn nichts mehr definitiv Sinn macht, ist der Körper die vielleicht letzte Instanz, die Sinn auf eine überzeugende Weise auf sich ziehen kann" (Bette 2005, S. 250). So bietet wenigstens die Kontrolle über den eigenen Körper ein bisschen Befriedigung (vgl. Posch 2009, S. 61). Schönheitshandeln im Sinne des gesellschaftlich normierten Körperideals kann somit neben dem Gefühl, eine gewisse Kontrolle zu haben, und dem Spüren von Körperlichkeit sinnhafte Ausrichtungen und scheinbar erreichbare Ziele im Leben geben (vgl. ebd.). Nach Stahr et al. (2003) haben sich demnach „die Möglichkeiten der Identitätsbildung (…) einseitig verengt und auf die Körperebene verlagert" (Stahr et al. 2003, S. 54). Infolgedessen sehen fatalerweise viele junge Frauen den eigenen Körper als das beste Ausdrucksmittel ihrer Identität an (vgl. Daszkowski 2003, S. 22).

In dieser Weise ist das äußere Erscheinungsbild in den letzten drei Jahrzehnten wesentlich wichtiger geworden und dementsprechend befassen sich die Menschen in unserer heutigen Gesellschaft so viel mit dem Thema Körperlichkeit und Schönheit wie noch nie zuvor (vgl. Posch 2009, S. 15 f.). Auch der veränderte Nutzen des Körpers, d. h., dass körperlich harte Arbeit und Anstrengung im Alltag kaum noch zur Sicherung des Überlebens gebraucht werden, rückt das äußere Erscheinungsbild des Körpers immer mehr in den Vordergrund. So wird der Körper heute in erster Linie zur Imagepflege und nicht mehr als Arbeitswerkzeug eingesetzt (vgl. Gesundheitsförderung Schweiz 2013, S. 7). Das Thema Schönheit nimmt nicht nur in der Ratgeberliteratur und in den populärwissenschaftlichen Veröffentlichungen immer mehr Raum ein, sondern gewinnt vor allem auch in den wissenschaftlichen Fachbereichen der Soziologie, Psychologie, Sportwissenschaften und Medizin, aber auch der Biologie immer mehr an Bedeutung (vgl. Posch 2009, S. 19 f.).

Es hat sich demnach eine neue Körperlichkeit herausgebildet, ein regelrechter Kult, der mit dem Körper getrieben wird, der in den letzten Jahrzehnten mit einer deutlichen Zunahme der Ästhetisierung und Normierung des Körpers einhergeht (vgl. Kluge et al. 1999, S. 11; Thies 1998, S. 63). Das Wort Kult (von lat. cultus = Verehrung, Pflege) wird traditionell in einem religiösen Zusammenhang verwendet. Kennzeichnend für einen religiösen Kult ist ein „sinnstiftendes Objekt und eine Gruppe von Menschen, die dieses Objekt verehrt, und das vor allem in Form ritualisierter Handlungen“ (Gugutzer 2007, S. 3). Von dieser Bestimmung des Kultbegriffs ausgehend scheint es gerechtfertigt, auch hier den Begriff des Körperkults zu verwenden. Denn der menschliche Körper wird ebenso von einem großen Personenkreis als sinnstiftendes Objekt betrachtet und durch verschiedene Körperrituale geformt und ästhetisiert (vgl. ebd.).

Dieser Körperkult reicht vom schlichten Make-up über zahlreiche Diäten, „body shaping“ im Fitnessstudio, Schönheitsoperationen, Besuche auf der Sonnenbank, Typberatungen, Expertengespräche für Ernährung, Urlaub in Beauty-Camps bis hin zu Körpermodifikationen wie Tätowierungen und Piercings (vgl. Pöhlmann/ Joraschky 2006, S. 192; Gugutzer 2007, S. 3; Belwe 2007, S. 2). Die Gestaltung des Körpers mittels umfangreicher Möglichkeiten hat sich längst zu einem selbstverständlichen Bestandteil des Alltags entwickelt (vgl. Belwe 2007, S. 2). „Ob jung oder alt, Frau oder Mann, gebildet oder ungebildet, wohlhabend oder auch nicht, alle sozialen Gruppen sind bei den angeführten Körperpraktiken vertreten, wenngleich es natürlich Unterschiede in Art und Umfang gibt“ (Gugutzer 2007, S. 3).

Das äußere Erscheinungsbild wird immer mit positiven bzw. negativen Zuschreibungen verknüpft und vom unmittelbaren Umfeld, dass wiederum unter dem Einfluss der Gesellschaft steht, danach beurteilt und bewertet (vgl. Posch 2009, S. 25, 42). So werden physischer Attraktivität, zu der unter anderem Schlanksein gehört, fälschlicherweise positive Persönlichkeitsmerkmale zugeschrieben, die soziale Anerkennung versprechen. Bspw. gelten schlanke Menschen als gesünder, selbstbewusster, lebenslustiger, kontaktfreudiger, intelligenter, willensstärker und disziplinierter als nicht schlanke Menschen (vgl. Stahr et al. 2003, S. 85; Kiehl 2010, S. 52; Posch 2009, S. 22 f.). Kluge et al. (1999) verweisen auf zahlreiche empirische Studien, die aufzeigen, dass gutes Aussehen soziale Vorteile in vielen Lebensbereichen mit sich bringt. So haben attraktive Menschen größeren Erfolg bei Stellenbewerbungen oder erhalten bessere Bewertungen bei schriftlich identischen Leistungen (vgl. Kluge et al. 1999, S. 19). Auch wenn tatsächlich gar keine gravierenden Unterschiede der Persönlichkeit oder der Fähigkeiten zwischen gesellschaftlich als unattraktiv und als attraktiv geltenden Menschen bestehen, werden bspw. Dicke als unbeherrschte, faule, träge und unglückliche „Normbrecher" betrachtet (vgl. Endres 2012, S. 55; Kluge et al. 1999, S. 19). Innere Qualitäten werden auf das äußere Erscheinungsbild projiziert und der Körper wird zur generellen Bewertungsgrundlage, an der der Wert einer Person gemessen wird (vgl. Pöhlmann/ Joraschky 2006, S. 191). Ein dicker Körper ist demnach Ausdruck mangelnder Kontrollfähigkeit und somit mangelnder Managementfähigkeit (vgl. Posch 2009, S. 67). Eine gelungene Selbstoptimierung spiegelt infolgedessen: „Wer sich im Griff hat, hat auch seinen Körper im Griff" (ebd., S. 12). Die übermäßige Betonung der Schlankheit geht demnach mit einer starken Ablehnung und Stigmatisierung von Übergewicht einher und besitzt somit auch eine ausschließende und abgrenzende Funktion gegenüber Menschen mit „unerwünschten" Körpern, da das äußere Erscheinungsbild zum „Maßstab gesellschaftlicher Akzeptanz" (Thies 1998, S. 64) wird (vgl. Stahr et al. 2003, S. 85; Posch 2009, S. 20 f., 64). Eine Ausschließung von Menschen mit als unerwünscht geltenden Körpern bedeutet gleichzeitig eine Aufwertung von Menschen mit als erwünscht angesehenen Körpern, d. h. je stärker übergewichtige Menschen abgelehnt werden, desto „erfolgreicher sind die körperlich Erfolgreichen" (Posch 2009, S. 65). Hierdurch entstehen neue soziale Kategorien und Körperklassen (vgl. ebd.).

> [So ist] die Modellierung des Körpers in Richtung des gesellschaftlich konstruierten Ideals von Schönheit (...) letzten Endes nicht ästhetisch motiviert, sondern gründet auf dem Bedürfnis nach Anerkennung, Aufmerksamkeit und Wertschätzung. (...) Das eigentliche Ziel ist (...) der

> symbolische Körper: der schöne, schlanke Körper als Sinnbild für Disziplin, Stärke, Willenskraft – allesamt gesellschaftlich hoch angesehene Werte, mit denen das Versprechen einhergeht, anerkannt und letztendlich geliebt zu werden (Gugutzer 2005, S. 332).

Der schöne Körper symbolisiert Erfolg im privaten wie auch im beruflichen Bereich und wird zum Zeichen persönlicher Leistung hinsichtlich eines glücklichen und gelungenen, am gesellschaftlichen Aufstieg orientierten Lebens (vgl. Kluge et al. 1999, S. 12; McRobbie 2010, S. 148; Posch 2009, S. 12). Es wird also deutlich, dass die Modellierung des Körpers in Richtung des Schönheitsideals nicht nur der persönlichen, sondern auch der sozialen Positionierung in der so unsicher erscheinenden Welt dient (vgl. Posch 2009, S. 33, 42). Als eines der am stärksten ausgeprägten Motive der Schönheitsarbeit am eigenen Körper ist jedoch vor allem der versprochene psychische und emotionale Nutzen zu sehen. Insbesondere das „Wohlfühlen" mit der eigenen ausgeglichenen Persönlichkeit wird durch einen schönen schlanken Körper – als Symbol psychischer Integrität sowie eines erfolgreich etablierten Selbst – mitrepräsentiert und soll auch körperlich sichtbar sein (vgl. ebd., S. 35, 40, 206).

So lautet die vorherrschende öffentliche Botschaft: „Verschönerungen machen glücklicher, Verschönerungen machen zufriedener, Verschönerungen führen zu mehr Wohlbefinden, Verschönerungen nutzen" (ebd. 2009, S. 201). Dementsprechend wird der Körper für die Identitätsentwicklung bzw. -stabilisierung als Objekt der öffentlichen Gestaltung, d. h. als formbares Medium für die Inszenierung des Selbst, immer wichtiger (vgl. Pöhlmann/ Joraschky 2006, S. 192; Thies 1998, S. 64). Durch die Suggestion, dass ein schöner Körper – der durch das heutige Körperideal definiert wird – in privater oder beruflicher Hinsicht ausschließlich nur von Vorteil ist und somit mutmaßlich mit emotionalem, sozialem und ökonomischem Nutzen verbunden ist, wird die eben benannte, vermeintliche Sicherheitsstruktur vermittelt, die Stabilisierung bietet und so die Angst vor Versagen mindert und als Prophylaxe eines sozialen Abstiegs wahrgenommen wird (vgl. Posch 2009, S. 58, 61, 44 f.). Es scheint also nicht einfach zu sein, sich diesen normativen Vorgaben bezüglich des körperlichen Erscheinungsbildes zu entziehen und sich den gesellschaftlichen Erwartungen zu widersetzen. Die Freiheit nicht „mitzuspielen" besteht immer weniger, da eine Verweigerung unweigerlich bedeutet, nicht nur auf den erwarteten Nutzen zu verzichten, sondern mit Nachteilen auf dem Arbeits- und Liebesmarkt rechnen zu müssen sowie mit Stigmatisierung, Diffamierung oder Nichtbeachtung gestraft zu werden (vgl. Gugutzer 2014, S. 2; Posch 2009, S. 24). Denn auch wenn Menschen vor dem Hintergrund sozialer Normen handeln, wird auch das „Projekt Körper" als scheinbar selbst zu verantwortendes Eigeninteresse betrachtet. Dies führt auch dazu, dass eine nicht gelungene Selbstoptimierung sich selbst zuzuschreiben ist (vgl. Posch 2009, S. 12, 57).

Zusammenfassend kann festgehalten werden, dass im Laufe kulturhistorischer Prozesse in der heutigen Zeit die scheinbare Notwendigkeit, den eigenen Körper in Szene zu setzen, stetig gestiegen ist und immer häufiger in das „körperliche Kapital" (Bourdieu) investiert wird, in der Hoffnung, „durch Eigenleistung erzielbare, spür- und sichtbare Erfolge, die wiederum soziale Anerkennung und Selbstgewissheit vermitteln" (Gugutzer 2007, S. 4), zu erlangen (vgl. Belwe 2007, S. 2). So soll die symbolische Bedeutung des äußeren Erscheinungsbildes – nach innen gerichtet – der Formung des Selbst und damit in gleicher Weise der Identitätsschaffung und -stabilisierung sowie – nach außen gerichtet – als Ausdrucksmittel zur sozialen Positionierung in der Gesellschaft dienen (vgl. Posch 2015, S. 42). Diese Ausführungen machen deutlich, dass nicht die zeitgenössischen Schönheitsideale an sich die permanente Beschäftigung mit dem Körper herbeiführen, sondern erst die gesellschaftlichen Strukturen eine Orientierung an diesen so bedeutungsvoll erscheinenden Idealen ermöglichen (vgl. Thies 1998, S. 69). Demnach kann das aktuelle Körperideal und seine Auswirkungen auf das subjektive Körperbild junger Frauen nicht ohne die gesellschaftlichen Rahmenbedingungen betrachtet werden.

1.2 Der weibliche Körper als Ausdrucksmittel

Da wir uns in unserer Ausarbeitung nur auf Frauen beziehen, erscheint es uns im nächsten Schritt sinnvoll aufzuzeigen, warum insbesondere von Frauen erwartet wird, dass sie sich in hohem Maße an dem Körperideal orientieren bzw. aus welchen Gründen Frauen diesen Erwartungen an das äußere Erscheinungsbild auch eher als Männer gerecht werden wollen. Auch, wenn Männer heute ebenfalls zunehmend dem Druck der Ästhetisierung und Normierung des Körpers unterliegen, sind Schönheit, Schlankheit, Anmut und Jugend immer noch Erwartungen, die in erster Linie an die Frau gestellt werden (vgl. Thies 1998, S. 65 f.). Ungeachtet der historischen Veränderungen des Schönheitsideals war und ist für Frauen der Anpassungsdruck an die jeweils bestehenden Normvorstellungen von größerer Bedeutung und bietet ihnen die Sicherheit eines vertrauten Images (vgl. Stahr et al. 2003, S. 16; Thies 1998, S. 65). Die folgende Darstellung der kulturhistorischen Entwicklung der Geschlechtsrollen und der geschlechtshierarchischen Strukturen sowie die heutige doppelte Vergesellschaftung der Frau bieten im gesellschaftlichen Kontext einen Begründungszusammenhang der starken Abhängigkeit und Orientierung von Frauen an den bestehenden Weiblichkeitsnormen und in besonderem Maße an den Körpernormen (vgl. Thies 1998, S. 61).

Das Engagement in Bezug auf das äußere Erscheinungsbild und das Bestreben, den Körper im besten Licht zu präsentieren, wurde schon in früheren Zeiten als wesentliches Merkmal der traditionellen weiblichen Geschlechtsrolle gesehen (vgl. Stahr et al. 2003, S. 84). Demnach wurde durch die gesellschaftlichen Normen schon immer ein hohes Maß an Selbstdarstellung von Frauen gefordert (vgl. Kluge et al. 1999, S. 9). Zudem wurde seit Beginn der Aufklärung zunehmend eine Geschlechtertrennung vollzogen, innerhalb derer die Frau das Anderssein symbolisierte, während dem Mann Normalität zugewiesen wurde: „Mensch gleich Mann" (vgl. Thies 1998, S. 51). Besonders in der Zeit der deutschen Klassik wurden Mann und Frau aufgrund ihrer angeblichen Naturbegabungen – einer vermeintlich göttlichen Weltordnung entsprechend – polarisierende Rollen zugewiesen. Dem Mann wurde die aktiv-rationale Rolle mit der überlegenen Position des Berufstätigen zugeteilt, während der Frau, ihrer „natürlichen" Bestimmung gemäß, die passiv-emotionale Rolle mit der untergeordneten Position der Hausfrau und Mutter zukam mit den Charakteristika der Reproduktion, Bedürfnisbefriedigung anderer, Abhängigkeit von männlicher und gesellschaftlicher Anerkennung, Außen- und Fremdorientierung sowie Mäßigung der Begierden und eigener Bedürfnisse. Focks (1994) bezeichnet das hieraus resultierende Modell der Weiblichkeit als rational-männliches Konstrukt. Dieses männliche Weiblichkeitskonstrukt diente der Aufrechterhaltung patriarchaler Herrschaft und dem Aufbau eines patriarchalen Wirtschaftssystems (vgl. ebd., S. 51 f.). Die hierarchischen Macht- und Herrschaftsverhältnisse zwischen den Geschlechtern sowie die geschlechtsspezifische Arbeitsteilung haben in erheblicher Weise zur Prägung des Selbstbildes der Frau beigetragen (vgl. Stahr et al. 2003, S. 17). Die Identifikation mit dem Weiblichkeitsmodell ließ das eigene Selbstbild immer mehr mit dem männlichen Fremdbild verschmelzen (vgl. Thies 1998, S. 52). Frauen haben demnach im Laufe der Zeit diese Stereotype einer idealen Weiblichkeit verinnerlicht und in immer perfekterer Art und Weise ihren Körper dahingehend geformt (vgl. Stahr et al. 2003, S. 17).

> Die frauenspezifische Bezogenheit auf Schönheitsideale ist eine Folge der dargestellten geschlechtshierarchischen Strukturen und Rollenzuweisungen. Beschnittene Ausdrucksmöglichkeiten und Lebensformen ließen für die Frau den Körper zu einem Ort des Ausdrucks weiblichen Seins werden (vgl. Thies 1998, S. 61).

Demzufolge lässt sich die Verinnerlichung dieses männlichen Weiblichkeitsmodells als Folge der Machtlosigkeit der Frau in der Gesellschaft und ihrem gleichzeitigen Wunsch, dennoch am öffentlichen Leben teilzuhaben, erklären (vgl. ebd., S. 52). Denn durch ihr Aussehen erhielten Frauen eine gewisse Einflussnahme auf soziale Distinktion und in geringem Maße auf gesellschaftliche Prozesse (vgl. ebd., S. 61). So stand das Schönheits- bzw. Körperideal schon immer in engem Zusammenhang mit der gesellschaftlichen Stellung der Frau, indem der Körper fortwährend vereinnahmt wurde und den – je nach gesellschaftlich-funktionalen Gesichtspunkten stets wechselnden – Bedeutungsgehalten unterlag (vgl. Stahr et al. 2003, S. 16, 18). Die Angleichung an ein gesellschaftlich-funktional überformtes Körperideal sowie die Abhängigkeit von äußerer Anerkennung hat demnach eine lange kulturhistorische Tradition und wurde – bzw. wird auch immer noch – vornehmlich von Frauen geleistet (vgl. Thies 1998, S. 52; Stahr et al. 2003, S. 17).

Denn auch heute stellt nach Gröne (1995) die kulturhistorische Tradition, sich mit den geschlechtsspezifischen Rollenerwartungen zu identifizieren, immer noch einen wichtigen Bezugsrahmen zur Orientierung für Frauen dar (vgl. Thies 1998, S. 55). Wie bereits erwähnt, haben im Zuge des Individualisierungs- und Pluralisierungsprozesses unserer Gesellschaft gravierende Veränderungen stattgefunden. Unter diesen haben sich ausdifferenzierte Lebensformen entwickelt, die unter anderem die patriarchalen Herrschaftsstrukturen und die traditionellen Geschlechtsrollen durchaus in Frage stellen (vgl. Stahr et al. 2003, S. 69). Auch wenn Männer heute ebenfalls vermehrt ihre traditionelle Geschlechtsrolle hinterfragen, sind es immer noch vor allem Frauen, die durch die zunehmende Herauslösung aus der traditionell weiblichen Geschlechtsrolle ihre Arbeits- und Lebensplanung mehr denn je selbst bestimmen können bzw. müssen (vgl. Daszkowski 2003, S. 35; Stahr et al. 2003, S. 81; McRobbie 2010, S. 42). Bspw. findet die Sozialisation von Frauen heute gleichermaßen auf beruflicher und familiärer Ebene statt. Dementsprechend wird das Modell der doppelten Lebensplanung heute von vielen Frauen vorzugsweise gewählt (vgl. Thies 1998, S. 55). Aber auch wenn die gesellschaftliche Arbeitsteilung teilweise eine Auflösung erfahren hat, werden die alten Rollenerwartungen nicht vollständig abgelöst (vgl. ebd.). So hat sich in Wirklichkeit nur eine bedingte Angleichung innerhalb der Geschlechterhierarchie vollzogen (vgl. McRobbie 2010, S. 140). Frauen werden immer wieder auf die traditionelle Geschlechtsrolle der Mutter und Hausfrau statuiert. „Frauen sollen z. B. eine ‚gute Mutter' sein und Zeit für ihre Kinder haben, zugleich aber auch unabhängig, ‚zeitsparend' und erfolgreich im Beruf sein" (Stahr et al. 2003, S. 70). Diese für die westlichen Industrieländer typische Entwicklung verlangt demnach von Frauen eine Gratwanderung zwischen den Anforderungen an eine emanzipierte, moderne, selbstbewusste, erfolgreiche Frau und den dazu widersprüchlichen, an die traditionellen Rollenbilder gekoppelten Erwartungen (vgl. Baumann 2009, S. 69).

Auf diese Weise ergeben sich historisch neue, sozialstrukturelle Widersprüche, deren Erfüllung aus subjektiver Sicht für Frauen unmöglich ist (vgl. Stahr et al. 2003, S. 70; Thies 1998, S. 60; Wunderer 2015, S. 94; McRobbie 2010, S. 97 f.). So steigt gerade für Frauen der gesellschaftliche Druck stetig. Denn von ihnen wird nicht nur erwartet, dass sie ihre neu gewonnenen Handlungsspielräume nutzen, sondern sie sollen zugleich auch an alten Mustern festhalten. Demnach sollen sie in jeder Hinsicht nach Perfektion streben (vgl. McRobbie 2010, S. 131, 135). Dies bleibt nicht ohne Folgen, da Frauen diese Erwartungen augenscheinlich in ihren subjektiven Wertvorstellungen verankern (vgl. ebd., S. 131). So scheint es, als wäre dieses Streben bei vielen jungen Frauen zu ihrem eigenen Interesse geworden (vgl. McRobbie 2010, S. 98, 135; Posch 2009, S. 12). „Wenn du es nicht schaffst, das Optimum aus dir herauszuholen, und vor allem, wenn du dich erst gar nicht bemühst, dein Bestes zu geben, dann bist du selbst schuld an all dem Negativen, das daraus zwangsläufig resultieren wird!" (Gugutzer 2014, S. 3). So dauert die kulturhistorische Fremdbestimmung der Frau immer noch an (vgl. Thies 1998, S. 56). Auch wenn es so scheint, als würden Frauen ihre Entscheidungen in Unabhängigkeit von männlicher Bestätigung treffen, besteht die patriarchale Autorität – weniger offensichtlich – weiter in Form eines Regimes der Selbstkontrolle, an dessen strengen Kriterien sich Frauen immer und ständig messen müssen (vgl. McRobbie 2010, S. 98).

Somit bringt die zunehmende Freisetzung aus traditionellen Bindungen und Normen durch die Veränderung traditioneller Beziehungsmuster sowie die teilweise gelungene Auflösung traditioneller Geschlechtsrollen einerseits zwar neue Handlungsspielräume mit sich, andererseits ergeben sich daraus – wie bereits in Kapitel 1.1 ausgeführt – auch neue und überfordernde Anforderungen an die Selbstverantwortung, die Selbstkontrolle sowie die Selbstoptimierung der Frau (vgl. Stahr et al. 2003, S. 77; McRobbie 2010, S. 42). So scheint der zeitgenössische Imperativ, in eigener Verantwortung immer das Maximum aus sich herausholen zu müssen, besonders für Frauen bindend zu wirken. Dieser Anforderung gerecht zu werden schafft aber keine Frau, zumindest nicht dauerhaft und schadenfrei (vgl. Gugutzer 2014, S. 3; McRobbie 2010, S. 131).

Dieses „Hin- und Herschwanken zwischen der Identifizierung mit traditionellen Geschlechtsrollen und der Suche nach individuellen Lösungen" (Stahr et al. 2003, S. 81) führt zu Verunsicherung sowie nicht selten zu Überforderung und kann eine Identitätsproblematik mit sich bringen und hat „besonders dann gravierende Folgen, wenn Frauen weder ihre persönlichen Handlungspotenziale entfalten noch emotionale und identitätsstabilisierende Beziehungen aufbauen können" (ebd.). Aufgrund der Unsicherheit und der Orientierungslosigkeit, die vor allem junge Frauen in unserer individualisierten Gesellschaft betreffen, steigt neben der bereits traditionellen Neigung, den weiblichen Körper als Ausdrucksmittel zu nutzen, abermals die Gefahr für diese

Frauen, sich an gesellschaftlich dominant transportierten Leitbildern und Ideologien zu orientieren und davon abhängig zu werden. So findet sich ein solches Leitbild im heutigen schlanken Körperideal, das Sicherheit und Anerkennung verspricht (s. Kapitel 1.1) (vgl. ebd., S. 82 f.).

Folglich wirkt das heutige Körperideal scheinbar als wirkungsvolles Gegengewicht zu den neuen überfordernden Anforderungen an Frauen, mit der Folge, dass viele Frauen versuchen, durch die symbolische Arbeit am Körper ihre identitätsbezogenen Unsicherheiten auszugleichen (vgl. Posch 2009, S. 155). Aufgrund dessen werden wir uns im nächsten Kapitel dem heutigen flächendeckend verbreiteten Körperideal in unserer Gesellschaft widmen.

2. Das weibliche Körperideal unserer Gesellschaft

Wie das vorangegangene Kapitel gezeigt hat, entsteht das jeweils zeitgenössische Körperideal immer im Kontext gesellschaftlicher und kultureller Rahmenbedingungen. Denn diese tragen dazu bei, dass mit dem Ideal – dem Zeitgeist entsprechende – positive Zuschreibungen in Verbindung gebracht werden und infolgedessen der Eindruck entsteht, dass mit Hilfe eines Körpers, der dem gesellschaftlichen Körperideal entspricht, selbstwertstärkende bzw. identitätsstärkende Effekte erzielt werden können. Zudem wurde deutlich, dass insbesondere Frauen versuchen, sich diese scheinbar zu erwartenden positiven Effekte zu Nutze zu machen.

Bevor wir im weiteren Verlauf dieses Buches betrachten werden, welchen Einfluss und welche Auswirkungen das gesellschaftliche Ideal auf das subjektive Körperbild junger Frauen hat, ist es sinnvoll, im folgenden Kapitel zunächst die Anforderungen des derzeitigen Körperideals an das äußere Erscheinungsbild von Frauen darzustellen, auf die Verbreitung und Absichten der Medien bezüglich dieses Körperideals einzugehen sowie die Widersprüchlichkeit des medial transportierten Körperideals in Bezug auf seine Machbarkeit zu erläutern. An dieser Stelle möchten wir auch noch einmal darauf hinweisen, dass wir uns angesichts der hochkomplexen Gesamtthematik nicht auf das gesamte den Körper betreffende Schönheitsideal beziehen wollen. D. h., dass wir Aspekte wie bspw. gebräunte Haut, Körperenthaarung, jugendliches Aussehen usw. nicht näher betrachten werden. Wir konzentrieren uns also auf die geforderte Schlankheit des Körperideals, weshalb wir uns vor allem auf die Aspekte Figur und Gewicht beschränken.

2.1 Das Erscheinungsbild des schlanken Körperideals

Die Verschönerung des Körpers ist ein kultur- und zeitübergreifendes Phänomen (vgl. Gugutzer 2007, S. 4). So wird der Körper je nach Epoche, Kultur und Gesellschaft auf verschiedene Art und Weise wahrgenommen, bewertet und gelebt (vgl. Gugutzer 2013, S. 6). Schönheitsvorstellungen in Bezug auf den Körper des Menschen haben sich demnach im Laufe der Jahrhunderte immer wieder in Abhängigkeit von Kultur und Gesellschaft gewandelt (vgl. Stahr et al. 2003, S. 15). Dabei war der Körper schon immer Bestandteil künstlerischer Gestaltungen, individueller Auseinandersetzungen und gesellschaftspolitischer Anliegen und wurde demnach als Ausdrucks- und Positionierungsmittel herangezogen (vgl. Kluge et al. 1999, S. 9; Posch 2009, S. 11).

Wenn wir von dem Körperideal sprechen, ist damit ein Ideal gemeint, das in Ableitung des griechischen Wortes „Idea“ (= Vorstellung, Idee) als „Musterbild, sittliches Vorbild, Inbegriff der Vollkommenheit“ (Hillmann 2007, S. 353) bezeichnet werden kann und als höchster Wert eine Allgemeingültigkeit erreicht hat und somit zur obersten Norm geworden ist. Menschen können sich durch diese oberste Norm in ihren Einstellungen sowie in ihren Verhaltensweisen beeinflussen lassen, indem sie danach streben, diesem Muster- oder Vorbild zu entsprechen. Schönheitsideale entstehen dadurch, dass das Exklusive, schwer Erreichbare, Überdurchschnittliche, Herausragende, nicht für jeden Menschen Zugängliche immer in besonderem Maße angestrebt wird (vgl. Posch 2009, S. 24). Sobald die Etablierung eines Ideals in der Gesellschaft erst einmal stattgefunden hat, wird dieses in Übereinstimmung auch anerkannt und als Normalität wahrgenommen, gleichgültig wie extrem es auch sein mag (vgl. ebd., S. 25, 172).

Das heutige Körperideal, das auch synonym als Schlankheitsideal bezeichnet werden kann, ist erst seit Anfang des zwanzigsten Jahrhunderts entstanden und vor allem in den westlichen Industriekulturen weit verbreitet (vgl. Stahr et al. 2003, S. 15). Während der „reproduktive Typ“ des Mittelalters korpulente Frauen mit betontem Bauch bevorzugte und im 17. Jahrhundert die „mütterliche Figur“ mit einer Hervorhebung der Brust und des Gesäßes vorherrschte, wird mit dem heutigen schlanken Ideal die Reproduktion nicht mehr vordergründig symbolisiert (vgl. ebd., S. 84). Die heutige moderne Forderung an Frauen, schlank zu sein, lässt sich demnach nicht auf eine konstante Geschichte zurückführen. Allerdings kann festgehalten werden, dass in der gesamten Neuzeit ein unförmig dicker Körper nie als schön betrachtet, sondern schon immer das Ideal eines wohlgeformten Körpers angestrebt wurde (vgl. Thies 1998, S. 62 f.). Während in vergangener Zeit vornehmlich einzelne Bereiche wie Becken, Taille oder Oberkörper beurteilt wurden, wird heute der gesamte Körper zur Bewertung herangezogen (vgl. Stahr et al. 2003, S. 15).

Dabei stellt das heutige normierte Körperideal geschlechtsspezifische und konstruktionsbiologische Merkmale des Körpers in unrealistischen Kombinationen dar (vgl. Daszkowski 2003, S. 67). Es wird eine konstruktionsbiologisch zusammengestückelte „Kind-Frau mit wohlgeformtem Busen, dünner Taille, schmalen und zugleich gerundeten Hüften und langen Beinen bzw. ihre androgyne Variante mit knabenhafter, dezent durchtrainierter Gestalt" (ebd., S. 70 f.) in Szene gesetzt. McRobbie (2010) spricht von Merkmalen wie extremer Magerkeit, stockdünnen Beinen und Armen, schmalen und jungenhaften Hüften und flachem Bauch (vgl. McRobbie 2010, S. 138). Die allgemeine Vorstellung vom weiblichen Körper passt sich immer mehr den männlichen Körperidealen an. Der verkörperte Trend der Androgynisierung verlangt von der knabenhaften Kindfrau eine physisch eher männliche, schlauchförmige Figur (vgl. Daszkowski 2003, S. 72). Besonders die schmalen Hüften sowie die übertriebene Beinlänge weisen partiell eine männliche Linie auf. Um wiederum eine weibliche Silhouette zu suggerieren, ist das Verhältnis von Taille zur Hüfte dennoch feminin charakterisiert, was die Figur gerade am Rumpf übertrieben schlank erscheinen lässt. Es werden nur bestimmte geschlechtsspezifische Merkmale, wie bspw. eine stark vergrößerte Brust, zur Schau getragen, während die Feminität des übrigen Körpers – in Form einer biologisch typisch weiblichen Verteilung des Fettgewebes – keine Berücksichtigung findet (vgl. ebd., S. 71).

Wie bereits angedeutet, weist die Attraktivitätsnorm kulturbedingt auch große Schwankungen auf. Bspw. wird in unserer Wohlstandsgesellschaft mit einem schlanken Körper ein hoher Status verbunden, wohingegen in Regionen mit Nahrungsmangel ein dicker Körper Wohlstand und Gesundheit ausdrückt (vgl. Daszkowski 2003, S. 60; Posch 2009, S. 25). „Das selbst auferlegte Hungern als kulturelles Phänomen tritt folgerichtig nur auf, wenn Nahrungsressourcen überreichlich vorhanden sind" (Daszkowski 2003, S. 53). So ist die Definition und Bewertung des Schönheitsideals immer mit den jeweiligen Lebensbedingungen verbunden (vgl. Posch 2009, S. 25, 32). In manchen zentralafrikanischen Ländern werden junge Frauen dazu aufgefordert, so viel wie möglich zu essen, um als Statussymbol Wohlstand zu verkörpern und ihrem Ehemann zu gefallen (vgl. ebd., S. 102). So ist bei farbigen Frauen anzunehmen, dass übermäßiges Körperfett traditionell nicht als Makel, sondern im Gegenteil gern gesehen wird. Dies ist auf den Umstand der Vorliebe vieler farbiger Männer für füllige Frauen zurückzuführen (vgl. Daszkowski 2003, S. 35 f.). Aber auch in der asiatischen Tradition wird Körperfülle kaum geächtet, während in der westlichen Gesellschaft Übergewicht – besonders bei Frauen – stigmatisiert wird (vgl. ebd., S. 36).

So ist unser heutiges, westlich normiertes Körperideal das Ergebnis einer kulturhistorischen Entwicklung, in der ein schlanker Körper – wie noch nie zuvor – zur obersten Norm erhoben wird, wie es nur in unserer konsumorientierten Wohlstandsgesellschaft denkbar ist (vgl. ebd., S. 76). Die Darstellung des als rigide zu bezeichnenden Erscheinungsbildes des Körperideals macht deutlich, dass das Spektrum gesellschaftlich akzeptierter Körperformen eng gesteckt ist und in paradoxer Weise zu unserer pluralisierten Gesellschaft steht (vgl. Posch 2009, S. 188, 191).

2.2 Die mediale Verbreitung des Körperideals

In unserem technologisierten Zeitalter ist es unerlässlich, die Wirkungsmacht der Medien bei der Verbreitung, Inszenierung und Aufrechterhaltung des aktuellen Körperideals näher zu betrachten. Denn erst durch die Medien wird die allgegenwärtige Präsenz des Körperideals in einem noch nie dagewesenem Ausmaß ermöglicht, dem man sich nur schwer entziehen kann.

Der Kult um die Schönheit hat heute seine massenmedial gestützte Hochkonjunktur erreicht (vgl. Posch 2009, S. 19). Das gegenwärtige Körperideal unserer Gesellschaft wird vor allem durch die Medien wie bspw. Fernseher, Internet, Printmedien, Kino und Plakate flächendeckend verbreitet. Die Medien bestätigen und produzieren das Körperstereotyp der idealen schlanken Figur (vgl. Daszkowski 2003, S. 68). Durch die mediale Inszenierung ist die Bedeutsamkeit des Aussehens sowie der körperlichen Attraktivität deutlich gestiegen und es liegt nahe, dass die Normierung des Körpers dadurch verstärkt wird (vgl. Stahr et al. 2003, S. 85; Posch 2009, S. 11). „Denn in einer Mediengesellschaft wie der unseren sind es die Massenmedien, welche die Definitionsmacht über schön oder nicht-schön, richtiges und falsches Schönheitshandeln innehaben" (Gugutzer 2007, S. 5).

Medien eignen sich auf besondere Weise zur visuellen Vermittlung kultureller Normen, die sich auf das äußere Erscheinungsbild des Menschen beziehen (vgl. Thies 1998, S. 64). Denn das Auge ist ein besonders wichtiges Wahrnehmungsorgan des Menschen, mit dessen Hilfe wir uns visuell in unserer Lebenswelt orientieren (vgl. Daszkowski 2003, S. 90). Vor allem die Sichtbarkeit stellt einen wesentlichen Faktor in Bezug auf die Herstellung von Normalität und sozialer Wirklichkeiten dar (vgl. Posch 2009, S. 176). So wurden bspw. Frauen vergangener Epochen außerhalb der Kirche kaum mit Idealbildern konfrontiert, wodurch es auch keine Orientierung für die breite Masse wie in unserer heutigen Zeit gab (vgl. ebd., S. 174). Da die heutige mediale Allgegenwärtigkeit des Körperideals im Alltag nahezu jedes Individuum erreicht, können sich die Mitglieder unserer Gesellschaft dem Schlankheitsideal nicht ganz entziehen und müssen sich zwangsläufig, bewusst oder unbewusst, mit ihm auseinandersetzen (vgl. ebd., S. 19, 174). Es betrifft die Menschen aufgrund personeller, sozialer, situativer und wirtschaftlicher Situationen nur unterschiedlich stark (vgl. ebd., S. 19). Das mehrheitlich medial Sichtbare wird jedoch grundsätzlich als „normal, modern und damit nicht nur als sozial erwünscht, sondern auch als sozial belohnt interpretiert" (ebd., S. 174). So erhält das heutige Körperideal mit Hilfe der Medien mühelos allgemeine Gültigkeit und wird rasch zur internalisierten Norm (vgl. Thies 1998, S. 64 f.).

Darüberhinaus vermitteln die Medien diese Bilder nicht ohne eigenen Nutzen bzw. nicht nur zur ästhetischen Zufriedenstellung des Betrachters. Da sich viele Menschen nach dem Glück sehnen, das ein schöner Körper verspricht, wird Schönheit heute als ein lukratives Geschäft genutzt (vgl. Posch 2009, S. 211). Dahinter verbergen sich große Industriezweige der Kosmetik-, Pharma-, Ernährungs- und Modebranche sowie der kosmetischen Chirurgie, die durch das Verlangen vieler Menschen, einen perfekten Körper zu besitzen, einen finanziellen Vorteil erzielen möchten (vgl. Kiehl 2010, S. 53; Daszkowski 2003,

S. 68). Der Erfolg visueller Werbung gründet auf ihrer starken Suggestionskraft, die auf unbewusste Beeinflussung setzt. In der medialen Werbung wird die Vervollkommnung des äußeren Erscheinungsbildes generell als sinnstiftend dargestellt und somit als eine Strategie der Identitätsfindung angeboten (vgl. Daszkowski 2003, S. 90). Aber auch Fernsehsendungen wie „Germany´s next Topmodel", „The Biggest Loser", „Extrem schön! – Endlich ein neues Leben" oder Internettrends, wie die „Thigh Gap" (s. Kapitel 4.1) sind aktuelle Beispiele für den Schönheitskult in den Medien, die die Botschaft vermitteln und verbreiten, dass es möglich ist, über den Körper das Selbst zu gestalten bzw. Identität zu schaffen (vgl. Posch 2009, S. 19). Als kulturelles Instrument greifen sie die im Zuge der Individualisierung und Pluralisierung entstandenen Unsicherheiten der Menschen in unserer heutigen Gesellschaft auf und suggerieren Möglichkeiten, die zu einer scheinbar „besseren" und „erfolgreicheren" Lebensführung beitragen (vgl. McRobbie 2010, S. 42; Posch 2009, S. 19).

Dabei richtet sich die Mediengesellschaft vor allem an eine kaufkräftige Zielgruppe von Personen im Alter zwischen ca. 15 und 45 Jahren, die zum Kauf von „körperverbessernden" Produkten angeregt werden sollen. Die Werbestrategen machen sich das Bedürfnis dieser Altersklasse nach sexueller Attraktivität des eigenen Körperäußeren in Bezug auf die potenzielle Partnerwahl sowie auch ihr generelles Verlangen nach den – in Kapitel 1.1 beschriebenen – erwarteten emotionalen, sozialen und ökonomischen Vorteilen zunutze. Jüngere Frauen reagieren unbewusst auf Körpermerkmale, die für die Partnerwahl und Fortpflanzung eine relevante Funktion haben (vgl. Daszkowski 2003, S. 68). Bspw. stellt das Größenverhältnis von Taillen- zu Hüftumfang ein „Gütekriterium" für Fruchtbarkeit dar (vgl. ebd., S. 60). Diese Merkmale werden als Lockmittel auf partiell extrem übersteigerte Weise dargestellt. Um weiterhin auf unbewusster Ebene ein wirksames Körperideal mit Vorbildfunktion zu etablieren, muss eine Botschaft vermittelt werden, welche die Betrachterin ideell anspricht. Der physische Androgynisierungstrend vermittelt derzeit eine Botschaft mit für Frauen wesentlichen Werten. So finden sich zahlreiche jüngere Frauen in der physisch-geschlechtlichen Annäherung ideell wieder, da sie an einer Angleichung der Geschlechterrollen interessiert sind. Gerade ein partiell androgynes Körperideal verspricht demzufolge besonders für junge Mädchen den Weg einer sozialen Androgynität mit aussichtsreichen Möglichkeiten. Vermeintlich hat das Körperideal die Gleichstellung der Geschlechter erfolgreich umgesetzt.

Die Zielgruppe soll sich zwar durch das Körperideal ideell angesprochen fühlen, aber es letztlich im Interesse der Schönheitsindustrie nie erreichen können. Jede Werbekampagne bezweckt, den Kauf von körperbezogenen Produkten bis ins Unermessliche auszudehnen. Um sich diesem Ziel anzunähern, muss zuvor eine weitreichende Unzufriedenheit mit dem eigenen Körper hergestellt werden. Dies wird erreicht, indem einerseits ein unmöglich zu erreichendes Körperideal dargestellt wird, dem man sich andererseits nur schwer entziehen kann (vgl. ebd., S. 68 f.).[1]

Zu diesem Zweck wird physische Attraktivität hierbei häufig manipulativ verstärkt (vgl. ebd., S. 67). Mit computertechnischen Hilfsmitteln können bspw. künstliche Beinverlängerungen, Brustvergrößerungen oder eine Übertreibung der Muskulatur erzeugt werden, die eine perfektionierte Makellosigkeit vortäuschen, die ein menschlicher Körper in der Realität nie erreichen kann (vgl. ebd., S. 69). Trotz des Wissens der Bevölkerung, dass Bilder in der Mode- und Werbebranche durchgehend mit computertechnischen Hilfsmitteln bearbeitet werden und somit fernab der Realität sind, scheint es so, als könne sich dennoch niemand ihrer Wirkung entziehen (vgl. Posch 2009, S. 183).

2.3 Die Widersprüchlichkeit des Körperideals

Wie die Betrachtung des heutigen Körperideals vor dem Hintergrund der Eigeninteressen unterschiedlicher Industriezweige, die die Medien für ihre Zwecke nutzen, bereits gezeigt hat, werden geschlechtsspezifische und konstruktionsbiologische Körpermerkmale in unrealisti-

---

1 Auch bspw. die abwertende Darstellung von Übergewichtigen in den Medien (bspw. „The Biggest Loser"), die zur Unterhaltung des Zuschauers beitragen und das individuelle Scheitern an den normativen Schlankheitsanforderungen aufzeigen soll, trägt durch Spott und Hohn zur Aufrechterhaltung der Stigmatisierung von Übergewichtigen bei (s. Kapitel 1.1) und treibt somit den Wunsch nach einer schlanken Figur bzw. die Körperunzufriedenheit voran, die wiederum das von der Schönheitsindustrie angestrebte Konsumverhalten fördern.

schen Kombinationen dargestellt, die ein unerreichbares weibliches Körperideal zur Folge haben, welchem nur die wenigsten Frauen – und dies nur durch rigide Körperkontrolle in Form von Diäten oder Fitnesstraining – entsprechen können. Bspw. soll die ideale Taille einer erwachsenen Frau der durchschnittlichen Taille eines viereinhalbjährigen Kindes entsprechen (vgl. Posch 2009, S. 86). In der Nationalen Verzehrsstudie II5 von 2005 bis 2007 vom deutschen Bundesministerium für Ernährung, Landwirtschaft und Verbraucherschutz ergaben sich jedoch bei deutschen Frauen die Durchschnittswerte einer Körpergröße von 1,63 m, eines Körpergewichtes von 69,9 kg, eines Taillenumfangs von 83 cm, eines Hüftumfangs von 103,6 cm sowie eines BMI von 26,1 (s. Anhang 1) (vgl. ebd., S. 87). So wird das aktuelle Ideal durch einen kaum existierenden Körpertyp repräsentiert (vgl. Daszkowksi 2003, S. 71; Posch 2009, S. 24). Die sogenannten „Supermodels", die bis zu 15 % und mehr unter dem Normalgewicht liegen, mit einem Taillenmaß von Kleinkindern, einem Hüftumfang von 13-jährigen Mädchen und einer Körperlänge von Männern, kommen dem Körperideal immer noch am nächsten (vgl. Daszkowksi 2003, S. 70, 78; Posch 2009, S. 89). Allerdings bilden diese Körpermaße einen extremen Pol im Bereich der natürlichen Variationsbreite menschlicher Figuren ab (vgl. Dazskowski 2003, S, 70). Nur etwa 5 % aller Frauen im relevanten Alter kommen aufgrund ihrer biologischen Disposition diesen Körpermaßen nahe und sind in der Lage, das Schlankheitsideal ohne massive Diätrestriktionen und exzessive sportliche Betätigung zu erreichen (vgl. Kiehl 2010, S. 52; Dazskowski 2003, S. 70). Demnach befinden sich die restlichen 95 % der weiblichen Figuren außerhalb der Möglichkeit, den idealisierten Körper zu erreichen. So täuscht die ständige Präsenz des Körperideals in den Medien darüber hinweg, dass es nur wenige Frauen gibt, die dem Körperideal in der Wirklichkeit entsprechen (vgl. Posch 2009, S. 176). Obwohl das gesellschaftliche Schönheitskonzept fortlaufend mit einem dünner werdenden Körperideal wirbt, hat das Körpergewicht der „normalen" Frauen mehrheitlich zugenommen. Diese Entwicklung entspricht somit nicht der tatsächlichen Entwicklung der Körpermaße (vgl. Stahr et al. 2003, S. 85; Posch 2009, S. 88). Dadurch wird die bestehende Diskrepanz zwischen dem Ideal und der Realität fortlaufend vergrößert (vgl. Thies 1995, S. 66; Posch 2009, S. 86, 88).

Das weibliche Körperideal im „Gesamtpaket“ zu erreichen steht aufgrund mehrerer biologischer Gegebenheiten im Widerspruch zur aktuellen Körpernorm (vgl. Daszkowski 2003, S. 75). Um bspw. die stark vergrößerte Brust des aktuellen Körperideals zu erreichen, benötigt die Frau eine beachtliche Menge an Fettgewebe, welches sich jedoch auch an anderen Körperstellen ablagert (vgl. ebd., S. 71). Die biologisch typische weibliche Fettverteilung an Hüften, Bauch, Oberschenkeln und Gesäß, die damit einhergehen würde, wird also beim heutigen Körperideal nicht berücksichtigt (vgl. Thies 1998, S. 66; Daszkowski 2003, S. 71). Zudem ist der stark untertriebene Körperfettanteil auch aus evolutionärer Sicht nicht erstrebenswert und widerspricht den fortpflanzungsbiologischen „Attraktivitätsstandards“ (vgl. Daszkowski 2003, S. 82).[2]

In extremen Fällen, bei denen der Fett-Muskel-Anteil unter 22 % liegt, kann der Schlankheitswunsch durch eine übertriebene Körperdisziplinierung in Form von strengen Diäten oder sogar Fasten zu Hormonstörungen führen und nicht nur das Ausbleiben der Menstruation hervorrufen, sondern auch zu Unfruchtbarkeit führen (vgl. Daszkowski 2003, S. 71; Posch 2009, S. 90). Es wird auch angenommen, dass gerade das Fettgewebe in der Schwangerschaft und Stillzeit als Energielieferant dient (vgl. Daszkowski 2003, S. 51). Zudem kann das Körperfett bei starker Nahrungseinschränkung als Energiereserve für das Überleben wichtig sein (vgl. Daszkowski 2003, S. 55; Posch 2009, S. 90). Das verbreitete weibliche Körperideal entspricht somit nicht der evolutionsbiologischen Bedeutung des menschlichen Fettgewebes mit seinen hochkomplexen genetischen und umweltbezogenen Wechselwirkungen (vgl. Daszkowski 2003, S. 53, 55). So ist der Trend der biologisch fragwürdigen Schlankheit zunehmend auch als mit einer Gefährdung der Gesundheit einhergehend zu betrachten (vgl. ebd., S. 76). Demnach ist es sehr problematisch, dass das weibliche Schlankheitsideal grenzenlose Vitalität und jugendlichen Elan bei objektiver Unte-

2 Frauen gehen irrtümlicherweise davon aus, dass Männer überschlanke weibliche Figuren bevorzugen. Allerdings konnte eine amerikanische Studie zeigen, dass nicht die Menge des Fettgewebes, sondern die typisch weibliche Verteilung Frauen für Männer attraktiv wirken lässt. Auch in unserer Gesellschaft mit einem sehr schlanken Körperideal bevorzugen Männer eher ein mittleres Maß an Fettgewebe (vgl. Daszkowski 2003, S. 60).

rernährung ausstrahlt (vgl. ebd., S. 71). Der physiologische Missstand der Unterernährung wird zur „guten Lebensart" erklärt (vgl. ebd., S. 54). Das Ideal wird fälschlicherweise unter dem Deckmantel der Gesundheit verkauft (vgl. Posch 1999, S. 82).[3]

Weiterhin wird durch die Einführung von statistischen Körpergewichtsbestimmungen, wie bspw. dem Body-Mass-Index (s. Anhang 1), ein medizinisches Normalgewicht festgelegt, welches schon ein geringes Übergewicht pathologisiert und auch die allgemeine Angst vor einer Gewichtszunahme vorantreibt (vgl. Thies 1998, S. 49; Posch 2009, S. 68). Aber auch gerade durch den Einzug der Waage ab den 1920er Jahren in den privaten Bereich erhielt das eigene Gewicht – nicht immer zum gesundheitlichen Vorteil ihrer Nutzerinnen – Nachvollziehbarkeit, Kontrollierbarkeit sowie Vergleichbarkeit (vgl. Posch 2009, S. 186).

Darüber hinaus ist das Körpergewicht nicht willkürlich manipulierbar. So ist der Body-Mass-Index in hohem Maße genetisch bestimmt. Bei stärkeren Abweichungen des Körpergewichts, bspw. durch eine Einschränkung der Nahrungsaufnahme, setzt der Körper Maßnahmen zu Gegenregulierungen (biologische Überlebensmechanismen) in Gang (vgl. Wunderer 2015, S. 75). Auch die Set-Point-Theorie besagt, dass jeder Mensch einen individuellen Set-Point besitzt, bei dem ein relativ konstantes Körpergewicht auch bei Schwankungen der Kalorienaufnahme und des Energieverbrauchs beibehalten wird. So wird die Gewichtsabnahme generell durch eine genetisch bestimmte Grundeinstellung begrenzt (vgl. Daszkowski 2003, S. 55).

Einen weiteren widersprüchlichen Aspekt des heutigen Körperideals stellt der unrealistische Androgynisierungstrend dar, der suggeriert, dass eine Angleichung der weiblichen Figur in Richtung der männlichen Gestalt stattfinden würde (vgl. ebd., S. 72). Allerdings bestehen hierfür nach Grammer (1993), der sich auf eine Studie der Damenoberbekleidungsindustrie bezieht, keine empirischen Beweise. Frauen

3 Zudem ist darauf hinzuweisen, dass in den Medien immer wieder betont wird, dass Übergewicht ungesund ist und krank macht. Auf diese Weise werden die gesundheitliche Sorge der Frauen um ihr Gewicht sowie der Wunsch nach einer schlanken Figur verstärkt. Allerdings gibt es nur unzureichende wissenschaftliche Beweise dafür, dass Übergewichtige tatsächlich von erheblichen Gesundheitsrisiken betroffen sind (vgl. Posch 2009, S. 96; Universität Leibzig 2012).

sind in Bezug auf ihren Körperbau nicht maskuliner geworden (vgl. ebd.). Allenfalls weisen weibliche Jugendliche bei Eintritt in ihre Reproduktionsphase solch eine Androgynität des Körpers auf. Die partiell betont sexuelle Ausgereiftheit im weiblichen Schönheitsideal von erwachsenen Frauen (z. B. in Form eines eher übergroßen Busen) ist jedoch paradox zu dieser Androgynität, die mit Jugend und Schlankheit verbunden wird (vgl. ebd.).

Ein weiteres Erschwernis in Bezug auf das heutige Körperideal im Vergleich zur historischen Form der Schlankheit stellt die aktuelle Mode mit ihrer immer knapperen Kleidung dar, durch die sich bestehende körperliche Mängel und Unvollkommenheiten immer weniger verstecken lassen und somit die Form des Körpers umso wichtiger wird (vgl. Pöhlmann/ Joraschky 2006, S. 191; Posch 2009, S. 195). In früheren Zeiten wurde die Figur immer in Bezug auf den bekleideten Körper betrachtet. So waren die historischen Schönheitsvorstellungen insofern moderater, als dass sie sich durch äußerliche Hilfsmittel wie bspw. durch Korsett oder Reifrock gestalten ließen. Das heutige Schlankheitsideal bezieht sich jedoch auf den nackten Körper, der zum Mittelpunkt der Gestaltung geworden ist (vgl. Posch 2009, S. 195). Nun müssen innengelenkte Hilfsmittel wie rigide kontrollierte Nahrungsaufnahme oder sportliche Betätigung angewandt werden, um den Körper dahingehend erfolgreich zu modellieren (vgl. Thies 1998, S. 63).

Im Vergleich zu anderen körperlichen Mängeln wie bspw. einer großen Nase scheint die Schlankheit durch harte Arbeit und Disziplin für jeden machbar zu sein, wenn er sich nur genügend anstrengt (vgl. Posch 1999, S. 77). So wird der Körper bzw. gerade die Schlankheit nicht mehr als Schicksal und genetisch unveränderliche Gegebenheit gesehen (vgl. Posch 2009, S. 37 f.). Wie wir bereits in Kapitel 1.1 aufgezeigt haben, wird die Selbstoptimierung auf den persönlichen Einsatz zurückgeführt so wie mangelnde Schönheit bzw. Schlankheit als persönliches oder charakterliches Versagen deklariert (vgl. Posch 1999, S. 78; Stahr et al. 2003, S. 85 f.).

Aber gerade in unserer heutigen Wohlstandsgesellschaft mit ihrem industriellen Nahrungsüberangebot – bedingt durch verbesserte Konservierungs- und Transportmöglichkeiten – erfordert dies einen vernunftbetonten Umgang mit Nahrungsmitteln sowie ein hohes Maß an Selbstkontrolle (vgl. Thies 1998, S. 46 f.; Posch 2009, S. 69, 88).

Die Medien greifen also das gesellschaftliche Körperideal auf und verbreiten den Glauben an die Machbarkeit und an unbegrenzte Möglichkeiten, den Körper zu modellieren. Wie deutlich wurde, entspricht diese vermeintlich unbegrenzte Freiheit allerdings nicht den biologischen Gegebenheiten und wird durch die aufgeführten Aspekte erschwert (vgl. Daszkowski 2003, S. 69). Somit wird Frauen heute ein unrealistischer Sollwert entgegengebracht, der keinen Spielraum für die individuelle Beschaffenheit ihres Körpers zulässt (vgl. Posch 2009, S. 90). Aber gerade dadurch, dass das weibliche Schlankheitsideal auf Dauer so schwer bzw. fast unmöglich zu erreichen ist, bleibt es exklusiv (s. Kapitel 2.1) (vgl. ebd., S. 25). Denn entsprechend der ökonomischen Theorie ist ein Anstieg des Wertes durch die Nachfrage zu verzeichnen und die Begehrtheit würde abnehmen, sobald zu viele Menschen ohne großen Aufwand das Körperideal erreichen könnten (vgl. ebd.).

3. Das subjektive Körperbild

Bisher wurde deutlich, dass in unserer individualisierten und pluralisierten Gesellschaft das schöne körperliche Erscheinungsbild zu dem Symbol erfolgreicher Selbstoptimierung erhoben wurde und es daher als wesentlicher Maßstab für den Wert eines Individuums angesehen wird. Dementsprechend können mit Hilfe einer schönen bzw. schlanken Figur vermeintlich identitäts- bzw. selbstwertstärkende Effekte erlangt werden. Überdies wurde auch verständlich, dass sich insbesondere Frauen – aufgrund ihrer kulturhistorischen Sozialisation und den gesellschaftlich an sie gerichteten, widersprüchlichen Anforderungen – an dem gesellschaftlichen, durch die Medien flächendeckend verbreiteten, überschlanken Körperideal orientieren. Sie tun dies, obwohl dieses Ideal, wenn überhaupt, nur sehr schwer zu erreichen ist. Denn der schöne Körper ist für Frauen nicht nur ein Ausdrucksmittel ihrer Weiblichkeit, sondern transportiert auch die angeblich erfolgreiche Erfüllung der an sie gerichteten Erwartungen.

Um aufzeigen zu können, inwiefern sich das gesellschaftliche und durch die Medien aufgegriffene weibliche Körperideal auf das subjektive Körperbild junger Frauen auswirkt, ist es notwendig, im nächsten Kapitel die Definition des Körperbildes sowie das diesem Buch zugrundeliegende Körperbildverständnis vorzustellen. Darauffolgend ist es hinsichtlich der zugrundeliegenden Leitfrage ebenso erforderlich, die Entstehung und Prägung des subjektiven Körperbildes darzustellen. Da diese individuelle Körperbildentwicklung auch die Bildung des persönlichen Körperideals umfasst und eng mit der Identitätsentwicklung zusammenhängt, werden wir auch hierauf näher eingehen. Abschließend werden wir in diesem Kapitel aufzeigen, welch wichtige Bedeutung das subjektive Körperbild in Bezug auf die psychische und physische Gesundheit des Individuums innehat, und – in Vorbereitung des vierten Kapitels – schon einmal dafür sensibilisieren, auf welche Weise die gesellschaftlichen Rahmenbedingungen sowie die mediale

Suggestion die Gesundheit junger Frauen tendenziell gefährden und schädigen können.

3.1 Die Begriffsbestimmung des Körperbildes

Die Forschung zum Thema Körpererleben und Körperbild erfährt in den letzten Jahrzehnten einen wachsenden Stellenwert in der Wissenschaft und hat sich mittlerweile in verschiedenen wissenschaftlichen Disziplinen zu einem bedeutenden Forschungsfeld etabliert (vgl. Daszkowski 2003, S. 9; Röhricht et al. 2005, S. 184). Dementsprechend haben sich seit dem Beginn der weitreichenden, wahrnehmungspsychologischen Erforschung des menschlichen Körpers Anfang des 20. Jahrhunderts (Schilder 1935) in den verschiedenen wissenschaftlichen Disziplinen vielfältige Theorien zu Aufbau und Struktur sowie entsprechend differierende Begriffsdefinitionen bezüglich des Körperbildes entwickelt (vgl. Kiehl 2010, S. 36; Daszkowski 2003, S. 9; Klein 2003, S. 34; Kluge et al. 1999, S. 15). Angesichts der umfangreichen und heterogenen Literatur wundert es nicht, dass zumindest im deutschsprachigen Raum bis heute kein einheitlicher Konsens in Bezug auf die Begriffsdefinition des Körperbildes herrscht und Ausdrücke wie „Körperbild“, „Körperschema“, „Körperkonzept“ oder „Körper-Selbst“ usw. teils synonym, teils in modifizierter Bedeutung verwendet werden (vgl. Vocks/ Legenbauer 2005, S. 13; Küchenhoff/ Agarwalla 2013, S. 6). Trotz der Bemühungen zahlreicher Autoren, diese verwirrende definitorische Begriffsvielfalt durch eine einheitliche Begriffsbildung verständlicher zu machen, werden diese körperbezogenen Begriffe immer noch unterschiedlich konzeptualisiert (vgl. Röhricht et al. 2005, S. 183; Vocks/ Legenbauer 2005, S. 13; Kluge et al. 1999, S. 15).

Jedoch haben alle Ansätze gemeinsam, dass „ein jeder für sich das Gesamt oder aber spezifische Aspekte der auf den eigenen Körper bezogenen Wahrnehmungen, Empfindungen, Kenntnisse[,] (...) Erfahrungen [und Verhaltensweisen, Anm. des Verf.] zu bezeichnen vorgeben“ (Bielefeld 1991, S. 5). In neuerer Literatur setzt sich bei aller Unklarheit bezüglich des Körperbildes allerdings zunehmend die Auffassung eines ganzheitlichen, sehr komplexen, mehrdimensionalen Konstruktes durch, das in differenzierte, sich aber gegenseitig beeinflussende Körperbildkomponenten untergliedert ist (vgl. Vocks/ Legenbauer 2005, S. 13; Kreikebaum 1999, S. 10; Daszkowski 2003, S. 11). So soll uns also im Folgenden ein solch ganzheitliches Verständnis des Körperbildes als Grundlage dienen, wie es unter anderem durch Vocks und Legenbauer (2005) vertreten wird. Diese ganzheitliche Auffassung des Körperbildes umfasst nicht nur das mentale Bild, das wir uns von der physischen Erscheinung unseres Körpers machen, welches auch die Bewertungen und Gefühle, d. h. die Gesamtheit der positiven als auch negativen Einstellungen zu unserem eigenen Körper beinhaltet, sondern schließt auch die körperbezogenen Verhaltensweisen mit ein (vgl. Vocks/ Legenbauer 2005, S. 13; Daszkowski 2003, S. 11 f.). Demnach ist der Begriff „Körperbild" hier als Oberbegriff zu verstehen und bezieht sich auf mehrere Dimensionen. So gliedert sich das diesem Buch zugrundeliegende Verständnis des Körperbildes in eine perzeptive (wahrnehmungsbezogene), eine kognitive (bewertende), eine affektive (emotionale) sowie eine behaviorale (verhaltensbezogene) Komponente (vgl. Vocks/ Legenbauer 2005, S. 13).

Die **perzeptive Dimension** bezieht sich auf die sensorische Aufnahme und Verarbeitung von Informationen. Sie beinhaltet das räumliche Bild des eigenen Körpers mit seinem Umfang und seinen Proportionen und umfasst insbesondere die Wahrnehmung bzw. Einschätzung der Form sowie der Größe des Körpers oder einzelner Körperteile (vgl. ebd., S. 15, 18). Hierbei werden körperbezogene Sinnesinformationen visueller, taktiler oder kinästhetischer Natur in das zentrale Nervensystem weitergeleitet, in dem sie integriert, verarbeitet und gespeichert werden (vgl. Mohr 2010, S. 25; Vocks/ Legenbauer 2005, S. 18). Dieser Verarbeitungsprozess der sensorischen Informationen wird wiederum, wie im Folgenden deutlich wird, entscheidend durch die nicht-sensorischen Informationen beeinflusst (vgl. Zimmer 2003; Mohr 2010, S. 25). So beinhaltet die **kognitive Ebene** die körperbezogenen Gedanken, Bewertungen und Einstellungen, die immer auch durch äußere objektive Gegebenheiten bzw. durch soziale Interaktionen beeinflusst werden. Durch das Nachdenken über den eigenen Körper sowie durch das Bewerten des eigenen Körpers entstehen die körperbezogenen Einstellungen bzw. Grundannahmen (vgl. Vocks/ Legenbauer 2005, S. 13 ff.). Die kognitive Komponente ist eng mit der **affektiven Komponente** des Körperbildes verwoben. So umschließt diese die Gefühle, die sich aus den körperbezogenen Gedanken, Bewertungen und Einstellungen ergeben (vgl. Vocks/ Legenbauer 2005, S. 16; Daszkowski 2003, S. 11 f.). Die Summe der Kognitionen sowie der Affekte beeinflusst wiederum den Verarbeitungsprozess der sensorischen Informationen, d. h. die Wahrnehmung der Körperdimensionen. So formiert sich aus dem Zusammenspiel der perzeptiven, kognitiven und affektiven Komponenten die allgemeine mentale Repräsentation unseres Körpers, die sich wiederum entscheidend auf unser Verhalten auswirkt (vgl. Vocks/ Legenbauer 2005, S. 18). Demnach bietet die **behaviorale Komponente** die Möglichkeit, die wahrnehmungs- und einstellungsbezogenen Einschätzungen des eigenen Körpers sowie die daraus resultierenden Emotionen zu regulieren, indem sie körperbezogene Verhaltensweisen wie bspw. Nahrungs- und Gewichtskontrolle, Körperpflege oder Kleiderauswahl umschließt (vgl. ebd., S. 16 f.). Schließlich wirkt sich auch unser Verhalten wieder auf die anderen Komponenten bzw. die allgemeine mentale Repräsentation unseres Körpers aus. Somit wird deutlich, dass die vier Körperbildkomponenten nicht isoliert voneinander existieren, sondern eng miteinander interagieren und sich gegenseitig beeinflussen (vgl. ebd., S. 18). Genauer werden wir dieses Zusammenspiel der einzelnen Körperbildkomponenten im Zusammenhang mit den Auswirkungen von Körperbildstörungen bezüglich Figur und Gewicht auf das subjektive Erleben junger Frauen in Kapitel 5.2 betrachten.

3.2 Die Prägung des Körperbildes

Im Folgenden werden wir nun auf den komplexen Prägungsprozess des Körperbildes eingehen. Ziel ist dabei, das komplexe Konstrukt des Körperbildes verständlicher zu machen und die Grundlage für das Verständnis seiner bedeutenden Rolle für die weibliche Identität und somit für die psychische und letztlich auch körperliche Gesundheit von Frauen zu schaffen.

Zu Anfang dieses Buches wurde bereits deutlich, dass die Körperlichkeit einen wichtigen Teil der Identität ausmacht (s. Kapitel 1.1). Da Selbstkonzept und Selbstwertgefühl als wesentliche Komponenten der Identität betrachtet werden können, kann auch das Körperbild mit seinen unterschiedlichen Ebenen (s. Kapitel 3.1) als Teil dieser beiden bedeutsamen Identitätsaspekte angesehen werden. Das Selbstkonzept beinhaltet die gesamte Kognition über die eigene Person und gliedert sich in verschiedene Teilkonzepte, die sich in unterschiedlichem Maße beeinflussen (vgl. Klein 2003, S. 12). Dass die subjektive Erkenntnis in Bezug auf unseren Körper ein wesentliches Teilkonzept des allgemeinen Selbstkonzeptes darstellt, wird vor dem Hintergrund verständlich, dass das Selbstbild und das Körperbild – wie im Folgenden deutlich wird – untrennbar miteinander verbunden sind und durch das Individuum unbewusst reguliert werden (vgl. Daig 2006, S. 34, 30, 32 ff.; Plinz-Wittorf/ Heindl 2014, S. 10).

Entwicklungspsychologisch wurde festgestellt, dass Säuglinge erst einmal nicht zwischen ihrem Selbst und ihrem Körper unterscheiden können, d. h. das Selbst- und das Körperbild bilden noch eine Einheit und das Individuum ist sich auch der äußeren Welt noch nicht als von ihm getrennt bewusst (vgl. Daszkowski 2003, S. 12). Die frühesten Selbstwahrnehmungen, die die Basis für die Entwicklung der Identität (inkl. des Selbstkonzeptes) bilden, sind demnach immer auch in erster Linie Körperwahrnehmungen. Demzufolge sind in der kindlichen Entwicklung zunächst alle Erfahrungen körperlich geprägt (vgl. Kluge et al. 1999, S. 16). Bspw. lernt das Kind seinen Körper mit all dessen Funktionen und Grenzen sowie auch seine Position im Raum über seine verschiedenen Sinne kennen (vgl. Zimmer 2003). Im Laufe seiner Entwicklung und Sozialisation beginnt das heranwachsende Kind, sein Selbst dann über die Körpererfahrung hinausgehend im Sinne eines subjektiven Erfahrungsprozesses auszubilden (vgl. Kluge et al. 1999, S. 16). Das Kind erkennt, dass es ein Spiegelbild hat, ein Körperäußeres, das von anderen gesehen und bewertet wird (vgl. Daszkowski 2003, S. 13). So wird dem heranwachsenden Kind durch die Wahrnehmung des eigenen Körpers die Unterscheidung von Selbst und Umwelt möglich und es beginnt, die Wirkung seines Körpers auf andere wahrzunehmen (vgl. Zimmer 2003; Daszkowski 2003, S. 13). Das Kind – als soziales Wesen verstanden – fängt an, seinen Körper als Objekt sozialer Bewertung bzw. sein Selbst im Vergleich und in Abgrenzung zu anderen Personen wahrzunehmen (vgl. Jawhari 2011, S. 7). Der Körper wird nun als Träger und Teil des Selbst („Der Körper, der ich bin.") erfahren und zugleich als Objekt („Der Körper, den ich habe."), welches als Bindeglied bzw. Vermittler zwischen dem Selbst und der Umwelt fungiert, betrachtet (vgl. Daszkowski 2003, S. 10 f.; Zimmer 2003). So wird verständlich, dass der Körper sich in besonderer Weise dazu eignet, die eigene Identität darzustellen bzw. auszudrücken (s. Kapitel 1).

In der sensiblen Phase der Pubertät festigt sich dann nicht nur allmählich die Identität, sondern auch das Körperselbstbild aufgrund physischer, psychischer und gesellschaftlicher Faktoren. Das Körperselbstbild drückt sich nun in einer Grundeinstellung, also bspw. in einer eher akzeptierenden oder eher ablehnenden Haltung gegenüber dem Körper aus (vgl. Daig 2006, S. 33; Daszkowski 2003, S. 13).

Auch wenn sich diese im Zuge der Pubertät gebildete Grundeinstellung unter Umständen im Laufe der weiteren Entwicklung weiter verfestigen kann, ist das Körperbild allgemein als ein sehr dynamisches, über Zeit und Situation veränderbares Konstrukt zu betrachten, dessen Entwicklung bis zum Tode nicht abgeschlossen ist (vgl. Kreikebaum 1999, S. 18; Daszkowski 2003, S. 13; Gartmann 2008, S. 30). So werden im Verlauf des Lebens in die Vorstellung vom eigenen Körper immer wieder neue Aspekte integriert. Dies begründet sich einerseits darin, dass unser physiologischer Körper ein lebendiges System ist und somit Veränderungs- und Alterungsprozessen unterliegt, die sich im Laufe des Lebens in unterschiedlichen Situationen und Perioden mehr oder weniger stark auf das körperliche Erscheinungsbild auswirken (vgl. Daszkowski 2003, S. 93). So gibt es Entwicklungsrhythmen, wie bspw. die zuvor erwähnte Pubertät, die maßgebende Veränderungen des physischen Erscheinungsbildes mit sich bringen (vgl. ebd., S. 30). Aber auch plötzlich auftretende körperliche Veränderungen – wie bspw. gewichts- oder auch krankheitsbedingte Veränderungen – fordern während der Lebensgeschichte immer wieder unsere Anpassungs- und Integrationsleistung (vgl. Vocks/ Legenbauer 2005, S. 21). Andererseits wird, auch wenn unser körperliches Erscheinungsbild überwiegend genetisch bestimmt ist und realistischerweise nur im Rahmen unserer biologischen Möglichkeiten beeinflusst werden kann (s. Kapitel 2.3), die subjektive Einstellung zu unserem Körper vor allem durch äußere Gegebenheiten beeinflusst bzw. sie entsteht in Abhängigkeit von der Interaktion mit unserer Umwelt (vgl. Daszkowski 2003, S. 12 f.; Zimmer 2003; Plinz-Wittorf/ Heindl 2014, S. 10).

In diesem Zusammenhang ist noch einmal darauf hinzuweisen, dass ein Individuum alle Informationen, die es über seinen Körper erhält bzw. alle Informationen, die es in Bezug auf die beschriebenen und immer in einer Wechselwirkung zueinander stehenden Körperbildkomponenten gesammelt hat, subjektiv bewertet, interpretiert und verarbeitet (vgl. Daig 2006, S. 31; Zimmer 2003; Mohr 2010, S. 26). Daher muss das mentale Bild unseres Erscheinungsbildes nicht unbedingt mit der objektiven Körperform übereinstimmen, sondern ist vielmehr der eigene Körper in der eigenen Vorstellung (vgl. Daszkowski 2003, S. 9, 11).

Das Individuum entwirft also ein Selbstbild von sich, das auf der Selbstwahrnehmung beruht, welche wiederum durch die Selbstreflexion entscheidend beeinflusst wird. Die subjektive Sicht eines Individuums, das sich eine Vorstellung von sich selbst macht, schließt auch die Vorstellung davon ein, wie es gerne sein würde, also sein Idealbild (vgl. Daig 2006, S. 30). So bewerten wir auch unser äußeres Erscheinungsbild vor allem, indem wir es an unserem diesbezüglichen Idealbild messen. D. h., die Bewertung unserer Figur ist in erster Linie das Ergebnis eines internen Vergleichs, bei dem wir die Diskrepanz zwischen unserem subjektiv wahrgenommenen Erscheinungsbild (perzeptive Komponente) und unserem persönlichen Körperideal (kognitive Komponente) einschätzen (vgl. Gartmann 2008, S. 54). Dieses persönliche Körperideal beinhaltet die Vorstellung von dem Erscheinungsbild, das wir uns für uns ersehnen und von dem wir annehmen, dass es anderen Menschen gefallen würde, und steht immer im Zusammenhang mit der Annahme darüber, inwiefern wir dieser Vorstellung gerecht werden können (vgl. Plinz-Wittorf/ Heindl 2014, S. 10; Daig 2006, S. 30). So spielt bei der Entwicklung des persönlichen Körperideals unter anderem die tatsächliche, aktuelle Körperform bzw. die zuvor beschriebene subjektive Wahrnehmung dieser Körperform eine wesentliche Rolle (vgl. Gartmann 2008, S. 31). Diese subjektive Wahrnehmung der Körperform, die immer durch nicht-sensorische Informationen beeinflusst wird, sowie die mentale Konstruktion davon, wie unser Körper im Idealfall aussehen sollte, werden durch individual-psychologische Gegebenheiten (z. B. ein geringes Selbstwertgefühl) und darüber hinaus entscheidend durch Sozialisationseinflüsse, d. h. durch das direkte soziale Umfeld, aber auch durch gesamtgesellschaftliche, kulturelle und nicht zuletzt durch medial kommunizierte Erwartungen wie auch durch soziale Vergleichsprozesse geprägt (s. Kapitel 4) (vgl. Gartemann 2008, S. 52; Daig 2006, S. 30). Darüber hinaus wird die Wahrnehmung sowie die Bewertung unseres Körpers in vielfältiger Weise durch aktuelle Stimmungen bzw. Empfindungen (s. affektive Komponente) und Situationen beeinflusst (vgl. Daszkowski 2003, S. 39). Es wird also erneut deutlich, dass wir uns mit unserem Körperbild, das in seiner Entstehung und Entwicklung in unserer individuellen Lebensgeschichte und in unserer Sozialisation begründet ist, immer wieder neu auseinandersetzen müssen.

In Abhängigkeit davon, wie wir unser Selbstbild und somit auch unser körperliches Erscheinungsbild wahrnehmen und bewerten (perzeptive und kognitive Komponente), entsteht wiederum das Fühlen über uns selbst, das anzeigt, ob, wie und in welchem Maße wir uns selbst anerkennen und mögen (vgl. Vocks/ Legenbauer 2005, S. 13; Jawhari 2011, S. 7). Bezogen auf unseren Körper handelt es sich also hierbei um unsere Körperzufriedenheit bzw. die Wertschätzung unseres Körpers (affektive Komponente). Diese Emotionen, die als direkte Folge unserer Bewertungen bezüglich unseres Körpers entstehen, sind demnach ein wesentlicher Bestandteil des Selbstwertgefühls, also einer weiteren Identitätskomponente (vgl. Daig 2006, S. 32). Somit stellt das Körperbild einen lebenslangen „Ankergrund" für unser Selbstbewusstsein dar (vgl. Klein 2003, S. 48).

Das Selbstwertgefühl, also die emotionale Komponente der Identität, entwickelt, stabilisiert und verändert sich immer durch unsere Interaktion mit unserem Selbstbild bzw. Selbstkonzept und hat eine entscheidend adaptive Funktion für unser Selbst und einen moderierenden Einfluss auf unser Verhalten, also auch auf unsere körperbezogenen Verhaltensweisen (behaviorale Komponente) (vgl. Daig 2006, S. 34; Jawhari 2011, S. 7).

Insgesamt wird deutlich, dass das Körperbild das Ergebnis eines subjektiven, körperbezogenen Entwicklungsprozesses darstellt, der ein Leben lang nicht abgeschlossen ist und eng mit der Identitätsbildung verknüpft ist und sich unter dem Einfluss von biologischen und psychischen Gegebenheiten sowie soziokulturellen Einflüssen vollzieht (vgl. Gartmann 2008, S. 29).

3.3 Die Bedeutung des Körperbildes für die Gesundheit von Frauen

In den vorangegangenen Ausführungen wurde unter anderem deutlich, dass die frühe Körpererfahrung nicht nur das Fundament für das subjektive Körperbild legt, sondern zugleich auch den Grundstein für den Aufbau des Selbstbildes und somit der Identität bildet. Dementsprechend kann letztlich auch das subjektive Körperbild als wesentlicher Bestandteil der Identität (als Teilbereich von Selbstkonzept und Selbstwertgefühl) angesehen werden (vgl. Klein 2003, S. 47).

Vor diesem Hintergrund wird verständlich, dass ein gesundes bzw. positives Körperbild (im Rahmen selbstreflexiver Prozesse des Individuums) stabilisierend auf die Identitätsentwicklung und somit auch auf das allgemeine Selbstbewusstsein wirken kann. Demzufolge stellt das Körperbild einen wichtigen Anhaltspunkt für unsere psychische Gesundheit dar (vgl. ebd., S. 48).

An dieser Stelle ist es allerdings wichtig zu betonen, dass ein positives Körperbild bzw. die Zufriedenheit mit dem eigenen körperlichen Erscheinungsbild auf keinen Fall damit gleichgesetzt werden kann, den gesellschaftlichen Anforderungen an eben dieses Erscheinungsbild (s. Kapitel 2.1) gerecht zu werden. Auch wenn Menschen mit einem schönen, attraktiven äußeren Erscheinungsbild in unserer Gesellschaft einen Vorteil in Form von positiven Zuschreibungen genießen (s. Kapitel 1.1), ist gutes Aussehen, also dem gesellschaftlichen Ideal von Schönheit zu entsprechen, kein Garant für die Zufriedenheit mit dem eigenen Körper bzw. mit sich selbst oder gar für das subjektive Glücklichsein mit dem eigenen Leben (vgl. Kluge et al. 1999, S. 20; Menninghaus 2007; Posch 2009, S. 206). Dementsprechend können dicke Menschen ebenso zufrieden und selbstbewusst sein wie dünne Menschen unzufrieden und unsicher sein können (vgl. Posch 2009, S. 207). Vor diesem Hintergrund ist Schönheit unverlässlich und daraus abgeleitet auch ihr Nutzen (vgl. ebd., S. 208). So haben mehrere Experimente sowie zwei Studien, in der professionelle Models befragt wurden, ergeben, dass es keine statistisch signifikante Wechselwirkung zwischen gesellschaftlich anerkannter physischer Attraktivität und positiver Selbstbewertung gibt (vgl. Menninghaus 2007; Posch 2009, S. 206 f.). Es wird deutlich, dass ein schöner Körper zwar Vorteile mit sich bringen kann, diese aber keineswegs unweigerlich oder verlässlich eintreten. Ein positives Körperbild und die Zufriedenheit mit sich selbst können demnach also nicht unbedingt, wie in unserer Gesellschaft und vor allem medial suggeriert wird, durch Investitionen in das äußere Erscheinungsbild erreicht werden (s. Kapitel 1.1, 2.2) (vgl. Posch 2009, S. 202, 206, 208 f.).

Folglich kommt es vor allem darauf an, dass eine Frau sich selbst für schön hält (vgl. Kluge et al. 1999, S. 20). D. h., dass sie ein positives Körperbild hat und mit ihrem Körper so, wie er ist, zufrieden ist. Zudem bedeutet dies auch, das eigene Erscheinungsbild unabhängig von möglichen Bewertungen durch die Umwelt zu akzeptieren und sich damit wohl zu fühlen sowie sich ebenso der eigenen Körperbedürfnisse bewusst zu sein und sich dementsprechend um diese zu kümmern (vgl. Gesundheitsförderung Schweiz 2013, S. 12). Eine Frau mit einem positiven Körperbild wird also nicht notwendigerweise für alle Mitmenschen attraktiv sein, genauso wie natürlich auch eine Frau mit einem negativen Körperbild nicht für alle unattraktiv ist.

Vor dem Hintergrund, dass die Zufriedenheit mit unserem Körper, mit dem wir lebenslang untrennbar verbunden sind, vor allem davon abhängig ist, wie wir diesen bewerten, wäre es im Idealfall vermutlich so, dass ein Mensch seinen Körper nicht als Objekt wahrnimmt, das es zu inszenieren und auf- oder auch abzuwerten gilt, sondern dass Körper und Selbst in einer harmonischen Wechselwirkung zueinander stehen, d. h. eine miteinander kongruente Einheit bilden, in der Bewertung bestenfalls gar keine Rolle spielt. Was beim Säugling noch unbewusst stattfindet, gelänge auf Erwachsenenebene also idealerweise ganz bewusst (s. Kapitel 3.2) (vgl. Plinz-Wittorf/ Heindl 2014, S. 10; Daszkowski 2003, S. 12).

In der Alltagsrealität ist eine solche Balance zwischen Körper und Psyche allerdings schwer herzustellen, da der Mensch – wie deutlich wurde – ein soziales Wesen ist und sein Körperbild unter Einbeziehung subjektiver und individueller Faktoren vor allem auch in der sozialen Interaktion entsteht und demnach auch die gesamtgesellschaftlichen, kulturellen sowie die medial kommunizierten Erwartungen eine entscheidende Rolle bei der Prägung des subjektiven Körperbildes spielen (s. Kapitel 3.2) (vgl. Jawhari 2011, S. 7; Schöngen 2005, S. 34; Mohr 2010, S. 25; Daszkowski 2003, S. 12 f.; Zimmer 2003; Plinz-Wittorf/ Heindl 2014, S. 10). Demzufolge ist der Mensch also in der Regel nicht so unabhängig von der Bewertung durch die Umwelt, wie es für ein positives Körperbild vermutlich förderlich wäre.

Werden die in diesem Buch bisher gewonnenen Erkenntnisse zusammengebracht, wird deutlich, dass insbesondere für eine Frau in unserer Gesellschaft die Gefahr groß zu sein scheint, eben keine bewusst sozial- und bewertungsunabhängige und damit positive Haltung zu ihrem Körper zu bilden, sondern vielmehr ein negatives oder sogar ein gestörtes Körperbild zu entwickeln. So zeigen unsere bisherigen Ausführungen, dass durch das Zusammenspiel der gesellschaftlichen Rahmenbedingungen und der medialen Suggestion ein Bewertungsmaßstab für das äußere Erscheinungsbild – in Form des als erstrebenswert dargestellten Körperideals – geschaffen wird, dem nur die wenigsten Frauen gerecht werden können. Obwohl es also fast zwangsläufig zur Frustration führen muss, ein solches Körperideal zu internalisieren, ist es nicht einfach, sich diesen normativen Vorgaben bezüglich des körperlichen Erscheinungsbildes zu entziehen, da diese nicht nur zum Maßstab der Wertigkeit des eigenen Körpers, sondern auch des Selbst herangezogen werden (s. Kapitel 1, 2). In erster Linie scheint dies für Frauen zu gelten, denn für sie steht ihr äußeres Erscheinungsbild bzw. ihre sexuelle Attraktivität innerhalb ihres Selbstkonzeptes häufig im Vordergrund und hat dementsprechend im Vergleich zu Männern – bei denen generell eher die physische Kraft und die Kondition wichtige Kriterien für das eigene Selbstbild darstellen – insgesamt eine höhere Bedeutung für ihr Selbstbild (vgl. Daszkowski 2003, S. 32 f.). So konnten Studien belegen, dass die Korrelation zwischen der Zufriedenheit mit dem eigenen Körper und der Zufriedenheit mit sich selbst bei Mädchen und Frauen deutlich höher ausfällt als bei Jungen und Männern (vgl. Kiehl 2010, S. 53; Klein 2003, S. 48). Dass das äußere Erscheinungsbild und somit auch das Körperbild für die einzelne Frau generell von großer Bedeutung ist, scheint im Hinblick auf die an sie gerichteten zeitgeistdeterminierten Erwartungen sowie ihre kulturhistorische Sozialisation naheliegend. Unterstreichend möchten wir auch noch einmal darauf hinweisen, dass ein schöner Körper nach außen den Eindruck erfolgreicher und souveräner Bewältigung der an die Frau gerichteten (eigentlich überfordernden) gesellschaftlichen Anforderungen erweckt. Zudem wurde auch verständlich, dass Frauen – aus dem Wunsch nach gesellschaftlicher, sozialer und insbesondere auch männlicher Anerkennung, Aufmerksamkeit und Wertschätzung heraus – ihren Körper schon seit langer Zeit als Ausdrucksmittel nutzen. So dient das äußere Erscheinungsbild der Frau dazu, ihre Weiblichkeit und somit ihre Begehrenswürdigkeit nach außen hin unmissverständlich zu verkörpern (s. Kapitel 1.2).

Vor diesem Hintergrund erscheint es nicht nur plausibel, dass die Wahrscheinlichkeit für Frauen steigt, ein negatives oder gestörtes Körperbild zu entwickeln, sondern es wird auch verständlich, dass das Risiko für sie besonders hoch ist, dass sich dieses negativ geprägte körperliche Selbstwertgefühl als Teil des allgemeinen Selbstwertgefühls folgerichtig sehr beeinträchtigend auf das gesamte Selbstwertgefühl und somit sehr negativ auf ihre psychische Gesundheit auswirkt (vgl. Daszkowski 2003 S. 12; Daig 2006, S. 33; Mohr 2010, S. 28). Denn wie stark sich das Körperbild als Teil des Selbstkonzeptes tatsächlich auf das allgemeine Selbstbewusstsein auswirkt, hängt davon ab, welchen Stellenwert das Körperbild des Einzelnen in der Identitätshierarchie einnimmt (s. Kapitel 4.2) und dieser Stellenwert ist bei Frauen tendenziell hoch (s. eben) (vgl. Jawhari 2011, S. 7 f.).

So verweist die Wissenschaftsjournalistin Ursula Nuber (1994) auf eine typisch weibliche Form des negativen Körperbildes, die mit depressiven Gefühlen einhergeht, wenn der öffentliche Standard nicht erfüllt werden kann. Deren Entstehung steht eng mit der gesellschaftlichen Forderung an die Frauen, in jeder Hinsicht nach Perfektion zu streben, in Zusammenhang und führt zu einer gefährlichen Verknüpfung zwischen Körperbild- und Selbstwertproblematik (vgl. Daszkowski 2003, S. 17). Auch die Psychologin Bärbel Wardetzki (1991) erkennt den folgenschweren Zusammenhang zwischen der Selbstachtung und der Absicht, eine makellose Figur zu erreichen. Auch sie verweist auf dieses Phänomen im Zusammenhang mit einer Identitätsproblematik, die auf den Körper projiziert wird und in besonderem Maße Frauen betrifft. Demnach stellt die Verknüpfung von einer Selbstwertproblematik und einem negativen Körperbild ein häufiges Phänomen unter Frauen dar (vgl. Daszkowski 2003, S. 17).

An dieser Stelle ist anzufügen, dass der Wunsch, dem gesellschaftlichen, medial verbreiteten und wenn überhaupt, nur schwer zu erreichenden Körperideal entsprechen zu wollen, nicht nur Gefahren für das psychische Wohlbefinden birgt. So bleiben bei dem Versuch, den

Erwartungen an das äußere Erscheinungsbild gerecht zu werden, oft die Gefühle und Wahrnehmungen dazu, was dem Körper gut tut bzw. was der Körper braucht, unberücksichtigt, und dies, obwohl dieses Idealbild doch eigentlich Leistungsfähigkeit bzw. Gesundheit mitrepräsentieren soll. Dementsprechend kann der Druck, dem Schlankheitsideal entsprechen zu wollen, zu zahlreichen gesundheitsgefährdenden Verhaltensweisen wie bspw. zur Herbeiführung einer extremen Gewichtsreduktion führen (s. Kapitel 2.3) (vgl. Daszkowski 2003, S. 93; Gesundheitsförderung Schweiz 2013, S. 7, 9).

Unsere bisherigen Ausführungen machen also deutlich, dass die gesellschaftlichen Rahmenbedingungen und die mediale Suggestion sowohl zu einer Gefährdung der psychischen als auch zu einer Beeinträchtigung der physischen Gesundheit von Frauen führen können (vgl. Daszkowski 2003, S. 69, 82).

4. Die Wirkung des weiblichen Körperideals auf das subjektive Körperbild junger Frauen in Verbindung mit weiteren Einflussgrößen

Bis heute existiert kein einheitliches, empirisch belegtes Modell zur Entstehung und Aufrechterhaltung von negativen sowie gestörten Körperbildern (vgl. Kiehl 2010, S. 36). Dieser Umstand ist darauf zurückzuführen, dass sich die Erforschung des mehrdimensionalen Körperbildes in der Praxis als schwierig erweist. Zum einen ist dies in der Komplexität des Körperbildkonstrukts an sich begründet. So ist das Konstrukt des Körperbildes unter anderem schon allein deswegen schwer objektivierbar, weil es sich um das jeweils subjektive Erleben eines Individuums handelt, das in großen Teilen unbewusst erlebt wird (s. Kapitel 3.2) (vgl. Daszkowksi 2003, S. 10). Zum anderen verursacht die umfangreiche und heterogene Literatur häufig eine Überforderung (vgl. Küchenhoff/ Agarwalla 2013, S. 6). So führen insbesondere die begrifflichen Unklarheiten in der Körperbildforschung immer wieder zu Verwirrung und tragen schließlich dazu bei, dass die verschiedenen Befunde aus Forschung und Klinik zum Körperbild nur schwer vergleichbar und somit nur teilweise integrierbar sind (s. Kapitel 3.1) (vgl. Röhricht et al. 2005, S. 184; Kluge et al. 1999, S. 15).

Im Rahmen gegenwärtiger Modelle wird allerdings zunehmend von einer multifaktoriellen Verursachung von Körperbildproblemen ausgegangen, bei der verschiedene Faktoren ineinandergreifen und sich gegenseitig verstärken (vgl. Wunderer 2015, S. 70 f.; Gartmann 2008, S. 15; Kiehl 2010, S. 36; Daszkowski 2003, S. 41). Diese Sicht- und Herangehensweise erscheint auch im Hinblick auf die bisher im Rahmen dieses Buches gewonnenen Erkenntnisse als folgerichtig. So wurde deutlich, dass das subjektive Körperbild, das eine bedeutende Rolle für unsere Gesundheit bzw. unser Wohlbefinden spielt, nicht nur durch biologische bzw. genetische und individualpsychologische, sondern auch maßgeblich durch soziokulturelle Gegebenheiten beeinflusst wird (s. Kapitel 3.2).

Da, wie ebenfalls verdeutlicht wurde, das komplexe Zusammenspiel der gesellschaftlichen Rahmenbedingungen und der medialen Suggestion dafür sorgen, dass das so entstandene Körperideal zu einer Gefahr für die psychische und physische Gesundheit insbesondere von Frauen werden kann (s. Kapitel 3.3), werden wir uns in dem folgenden Punkt damit beschäftigen, wie diese Faktoren in einer Wechselwirkung mit individual-psychologischen Faktoren dazu führen, dass viele junge Frauen (also Frauen in der Adoleszenz sowie im jungen Erwachsenenalter), die aus evolutionstheoretischer und gesundheitlicher Sicht bereits optimal proportioniert sind, heute dennoch Gefahr laufen ein negatives, wenn nicht sogar gestörtes Körperbild zu entwickeln.

4.1 Der soziale Vergleich mit dem medial verbreiteten Körperideal

Auch wenn die allermeisten Untersuchungen negative Werbewirkungen feststellen, lässt sich auf der Grundlage der bisherigen Studien nur schwer pauschal klären, welchen Stellenwert die mediale Darstellung von extrem schlanken Körperidealen im Vergleich zu weiteren Faktoren in der negativen Einflussnahme auf das subjektive Körperbild einnimmt (vgl. Schemer 2006, S. 14; Gartmann 2008, S. 202). Allerdings ist ein Großteil der WissenschaftlerInnen der Überzeugung, dass die Bedeutung der Medien als maßgebende Einflussgröße auf das subjektive Körperbild nicht zu unterschätzen ist. Demnach kann davon ausgegangen werden, dass durch Medien eine generelle Wirkung auf unsere Gedanken, Wünsche und Selbstkonzepte stattfindet und der Medienkonsum eine gewichtige Funktion bei der Entstehung von Gewichtsobsession, chronischem Diäthalten und der Entwicklung von Körperbild- und Essstörungen einnimmt (vgl. Daszkowski 2003, S. 78). Dies bestätigen auch eine Vielzahl von experimentellen Untersuchungen sowie Querschnitts- und Längsschnittsstudien (vgl. Wunderer 2015, S. 95). Denn durch die Medien wird das gesellschaftlich geforderte Körperideal, das von kulturell- und zeitgeistdeterminierten Erwartungen an eine Frau geprägt ist, konstant und allgegenwärtig als erstrebenswert verbreitet, obwohl dieses Ideal doch von den meisten

Frauen gar nicht – wie suggeriert – erreicht werden kann (s. Kapitel 2). Auf diese Weise wird durch die Medien – so zeigen bisherige Befunde – nicht nur die gesellschaftliche Bedeutung des attraktiven äußeren Erscheinungsbildes verstärkt. Es entsteht vielmehr unweigerlich ein Bewertungsmaßstab für körperliche Attraktivität, der den gesellschaftlichen Druck auf Frauen vergrößert und sich somit auch auf individueller Ebene auf das subjektive Körperbild negativ auswirken kann (vgl. Schemer 2006, S. 14; Wunderer 2015, S. 96). Dieser Wirkungszusammenhang kann auch folgendermaßen ausgedrückt werden: Wenn das Unmögliche zur Norm wird, dann scheint die Entwicklung eines negativen Körperbildes zwangsläufig vorprogrammiert zu sein (vgl. Gugutzer 2014, S. 2).

Im Folgenden werden wir also diesen komplexen Prozess verdeutlichen, indem wir aufzeigen, auf welche Weise das gesellschaftliche und medial verbreitete Körperideal mittels sozialer Vergleichsprozesse (auf individueller Ebene) auf das subjektive Körperbild bzw. das persönliche Körperideal junger Frauen Einfluss üben kann.

Wie zuvor in Kapitel 3.2 beschrieben wurde, ist die Bewertung unseres Körpers vor allem das Ergebnis eines internen Vergleichs zwischen unserem subjektiv wahrgenommenen Erscheinungsbild und unserem persönlichen Körperideal. Dieser interne Vergleich wird wiederum entscheidend durch soziale Vergleichsprozesse (Festinger 1954) beeinflusst (s. Kapitel 3.2) (vgl. Gartmann 2008, S. 32, 34; Daszkowski 2003, S. 69). Da die Beurteilung der menschlichen Attraktivität in hohem Maße subjektiven Kriterien unterliegt, hilft der soziale Vergleich als automatisches Reaktionsmuster dem Individuum dabei, sich ein Bild davon zu machen, wie gut oder schlecht es im Vergleich zu anderen Personen bzw. Konkurrenten „abschneidet“ und welcher Maßstab potentiell erreichbar ist (vgl. Gartmann 2008, S. 32; Daszkowski 2003, S. 69; Jawhari 2011, S. 8). Natürlich spielt dabei eine entscheidende Rolle, mit wem dieser soziale Vergleich stattfindet. Problematischerweise findet der soziale Vergleich heute nicht nur innerhalb einer sozialen Bezugsgruppe statt, sondern vollzieht sich auch mit Mediendarstellerinnen (vgl. Gartmann 2008, S. 32, 34; Daszkowski 2003, S. 69). So wird das Medienideal durch seine Allgegenwärtigkeit durchaus als relevante Konkurrenz wahrgenommen (vgl. Daszkowski 2003, S. 69).

Während Aufwärtsvergleiche, bei denen eine Frau sich mit einer Frau vergleicht, die dem gesellschaftlichen Ideal näher kommt als sie selbst, in der Regel das subjektive Wohlbefinden schmälern, bewirken Abwärtsvergleiche das Gegenteil (vgl. Gartmann 2008, S. 32). Der bewusste oder unbewusste Vergleich mit einer vermeintlich perfekt proportionierten, schlanken Mediendarstellerin ist demnach für fast alle, auch für sehr schlanke Frauen, ein Aufwärtsvergleich (vgl. ebd.).

Neben ihrer Attraktivität strahlen die schlanken Mediendarstellerinnen zudem in ihrer Rolle häufig auch andere Attribute wie Zufriedenheit und Erfolg (z. B. bezogen auf das männliche Geschlecht oder die Berufswelt) aus und unterstreichen somit die positiven Zuschreibungen bzw. den besonders für Frauen hohen funktionellen Wert der Schlankheit (s. Kapitel 1) (vgl. Daszkowski 2003, S. 78). Mediendarstellerinnen können – genauso wie auch reale Personen aus dem sozialen Umfeld – vom Individuum als Informationsquelle genutzt werden, um sich ein imaginäres Idealbild seines Erscheinungsbildes zu entwerfen, das auch die Vorstellung davon, welchen Nutzen dieses Aussehen ihm in der sozialen Interaktion bringen würde, umfasst (vgl. Daig 2006, S. 29). Folglich scheint es naheliegend, dass auf der Basis des Aufwärtsvergleichs die Versuchung bzw. die Motivation, eine schlanke Mediendarstellerin als Vorbild zu betrachten, aufgrund des erwarteten Erfolgs groß ist (vgl. Gartmann 2008, S. 33).

Letztlich scheint es, wie im Folgenden ausgeführt wird, zwei Möglichkeiten zu geben, wie sich der Aufwärtsvergleich bzw. die ständige Konfrontation mit überschlanken Mediendarstellerinnen negativ auf das subjektive Körperbild auswirken kann. Bei beiden Varianten wird die Frau durch die Betrachtung der dünnen Mediendarstellerinnen an das gesellschaftliche extrem schlanke Figurenideal und seinen funktionellen Wert erinnert und zugleich wird auch ihre Vorstellung vom Körperideal anderer Menschen geprägt. Dies wiederum bewirkt, dass ihr subjektives Körperideal sich in eben diese Richtung verstärkt, also „dünner" wird (vgl. Kuhlmann/ Hoppe 2012, S. 8; Gartmann 2008, S. 53).

Bei der ersten Möglichkeit wird die Frau die Unterschiede zwischen ihrer Figur und der Figur der Mediendarstellerin fokussieren. Diese Kontrasteffekte sowie die damit einhergehenden negativen Gefühle wirken sich dann wiederum ungünstig auf die Wahrnehmung des eigenen Körpers aus, so dass sie ihren Körper im Vergleich zu den Mediendarstellerinnen als fülliger empfindet, als er es tatsächlich ist. Somit steigt die Differenz zwischen ihrem persönlichen Körperideal und der Wahrnehmung ihres tatsächlichen Körperbaus und wirkt sich negativ auf die Körperzufriedenheit aus (vgl. Gartmann 2008, S. 153; Daszkowski 2003, S. 78).

Bei der zweiten Variante scheint der Aufwärtsvergleich eher dem Zweck der Selbstwerterhöhung zu dienen. Hier stehen folglich weniger die Unterschiede zum Aussehen der Vergleichsperson im Vordergrund, sondern vielmehr die Gemeinsamkeiten sowie die angenommene Möglichkeit, das Aussehen des eigenen Körpers vorteilhaft verändern zu können (vgl. Jawhari 2011, S. 8). Wird dann gleichzeitig noch direkt oder indirekt eine Möglichkeit unterbreitet, diesem Medienideal näher zu kommen, bzw. der Betrachterin suggeriert, dass sie ihren Körper leicht verändern kann, kann dieser Effekt noch verstärkt werden (vgl. Gesundheitsförderung Schweiz 2013, S. 19; Daszkowski 2003, S. 78). Dies scheint besonders plausibel, da das Körperbild, wie bereits in Kapitel 3.1 erläutert wurde, ein mehrdimensionales Konstrukt ist, das unter anderem die behaviorale Komponente umfasst, die wiederum die Ausprägungen der perzeptiven, kognitiven und affektiven Komponenten regulieren kann. Die Vorstellung bzw. die Absicht, auf dieser verhaltensbasierten Ebene des Körperbildes bspw. eine Diät durchzuführen oder vermehrt Sport zu treiben, kann dann dazu beitragen, dass die zukünftige, nun scheinbar realisierbare Figur an Bedeutung gewinnt. Die – durch das vermeintlich zum Greifen nahe Körperideal hervorgerufene – positive psychische Reaktion auf der affektiven Ebene des Körperbildes führt wiederum dazu, dass die Betrachterin ihren Körper als positiver bzw. dünner wahrnimmt (vgl. Schemer 2006, S. 14; Gartmann 2008, S. 196).

Auch wenn dies zunächst zu einer größeren Körperzufriedenheit der Betrachterin führt, ist es wichtig, dieser anscheinend positiven Medienwirkung gegenüber eher skeptisch zu bleiben. Davon ausgehend, dass das persönliche Körperideal sich auch an der Vorstellung davon orientiert, was der Mensch subjektiv glaubt erreichen zu können, scheint der Vergleich zum Zweck der Selbstwerterhöhung nicht zwangsläufig – wie häufig angenommen – zu einem positiven Resultat zu führen (s. Kapitel 3.2) (vgl. Gartmann 2008, S. 45, 193; Daszkowski

2003, S. 78). So besteht bei beiden Varianten und besonders bei der zweiten Variante die Gefahr, dass der sich ständig wiederholende, oft unbewusste Vergleich langfristig dazu führt, dass die Betrachterin ein persönliches Körperideal bzw. Schlankheitsideal entwickelt, dem sie gar nicht oder nur schwer entsprechen kann (vgl. Daszkowski 2003, S. 78). Da es immer Ziel ist, das reale Selbst so zu verändern, dass es den Ansprüchen des idealen Selbst näher kommt bzw. den Ansprüchen gerecht werden kann, kann eine große Diskrepanz zwischen Real-Selbst und Ideal-Selbst aufgrund überhöhter Ideale zu einer gravierenden, ablehnenden Bewertung des Real-Selbst führen bzw. es erschweren, den eigenen Körper mit seinen positiven Funktionen wertzuschätzen (vgl. Schöngen 2005, S. 27). So kann also auch der Vergleich zur Selbstwertverbesserung letztlich den Nährboden für eine negative Körperbewertung bilden. Durch den Konkurrenzkampf mit dem unrealistischen Medienideal bemerkt die Betrachterin unter Umständen gar nicht mehr, dass ihr Körper aus evolutionstheoretischer Sicht bereits optimal proportioniert ist (vgl. Daszkowski 2003, S. 76). So wirkt die durch die Mediendarstellerinnen verkörperte Schlankheit als sozialer Imperativ und erschwert Frauen die Akzeptanz des eigenen davon abweichenden Körpers (vgl. ebd., S. 80).

Insgesamt entsprechen nur sehr wenige Frauen der rigiden Schlankheitsnorm der Mediendarstellerinnen, wie in Kapitel 2.3 ausgeführt wurde. Einige Frauen schaffen es allerdings doch tatsächlich, dem überschlanken Ideal durch reduzierte Nahrungsaufnahme, exzessive sportliche Betätigung oder ähnliche, oft gesundheitsschädigende Verhaltensweisen nahe zu kommen. Ein Vergleich bzw. die Konfrontation mit einer in dieser Weise erfolgreichen Frau wirkt sich, dem Vergleich mit einer Mediendarstellerin entsprechend, ungünstig oder vielleicht noch ungünstiger aus (vgl. Gartmann 2008, S. 190). So steigt durch die Konfrontation mit dem gesellschaftlichen und medial transportierten Körperideal in Gestalt einer real gesehenen „normalen" jungen Frau die Gefahr, die Mediendarstellerinnen tatsächlich als realistische Konkurrenz wahrzunehmen, und verstärkt somit das Risiko, das Scheitern an diesen Attraktivitätsstandards als persönliches Versagen einzuordnen (vgl. ebd.).

Unserer Meinung nach ist es an dieser Stelle wichtig darauf hinzuweisen, dass sich dieser Vergleich mit „ganz normalen" Frauen heute eben nicht nur in der realen, direkten Interaktion vollzieht, sondern auch zunehmend in der virtuellen Welt stattfindet, da die jungen Frauen inzwischen selbst zu Akteuren der Medien werden.

So ist in diesem Kontext einerseits beispielhaft auf die bereits unter Kapitel 2.2 erwähnte Fernsehsendung „Germany´s next Topmodel" hinzuweisen. Die Kandidatinnen – scheinbar „ganz normale", junge Frauen aus der Allgemeinbevölkerung – mit einer Mindestgröße von 1,72 m und einer maximalen Kleidergröße von 36 treten in diesem Format bezüglich ihres Aussehens in Konkurrenz und werden regelmäßig – trotz ihrer eigentlich mehr als „idealen" Figur – von den Juroren für ihr immer noch nicht perfekt genug erscheinendes Aussehen kritisiert (vgl. Götz 2014, S. 5; McRobbie 2010, S. 170 f.). So werden die jungen Frauen beständig dazu angehalten, an diesen scheinbaren Mängeln zu arbeiten bzw. diese zu beheben, teilweise mit Unterstützung von Experten wie bspw. FitnesstrainerInnen, KosmetikerInnen oder FriseurInnen (vgl. McRobbie 2010, S. 171). So stehen in der Sendung das Aussehen und der Körper sowie die Botschaft, dass jede junge Frau mit genügend Ehrgeiz ihre Idealfigur erreichen kann, im Mittelpunkt der Aufmerksamkeit. Auf diese Weise werden die Körper der Kandidatinnen zugleich auch zum Maßstab, an dem junge Frauen vor dem Fernseher ihre Erfolge und Misserfolge messen sollen (vgl. ebd., S. 17). Dabei gerät völlig in Vergessenheit, dass es sich bei den Figuren der Kandidatinnen nicht um durchschnittliche Figurtypen, sondern ganz gegenteilig um absolute Ausnahmeerscheinungen handelt (vgl. Götz 2014, S. 5). Die Vergleichsprozesse mit diesen scheinbar „normalen" jungen Frauen wirken sich laut einer aktuellen Studie des Internationalen Zentralinstituts für das Jugend- und Bildungsfernsehen und des Bundesfachverbandes für Essstörungen besonders ungünstig auf das subjektive Körperbild von jungen Frauen aus, indem sie durch diese Vergleichsprozesse in ihrer überkritischen Haltung zu ihrem eigenen Körper bestärkt werden (vgl. IZI 2015, S. 2).

Andererseits ist in diesem Kontext darauf hinzuweisen, dass heute soziale Plattformen wie bspw. „Facebook" für jeden frei zugänglich sind und diese nicht nur zur Kommunikation, sondern vor allem auch zum Zweck der Selbstdarstellung zunehmend genutzt werden. Im digitalen Zeitalter ist es heute nicht nur möglich, unbegrenzt viele Fotos zu schießen und diese mit Hilfe einer Bildbearbeitungs-App spielend leicht zu manipulieren, sondern diese Bilder können ebenso von überall problemlos veröffentlicht werden (vgl. Goethe 2013). So werden heute Selbstportraits – die sogenannten „Selfies" – vor allem von „normalen" jungen Frauen als zeitgemäßes Instrument zur Imagepflege genutzt, da diese wirkungsmächtiger als Texte erscheinen. Auch ist an dieser Stelle zu erwähnen, dass ebenso prominente Mediendarstellerinnen zunehmend die Selbstportraits nutzen, um nachzuweisen, dass ihr von den Werbestrategen in Szene gesetztes Image tatsächlich mit ihrer echten Person übereinstimmt. So wundert es nicht, dass im Netz zahlreiche Videoanleitungen zu finden sind, die sich mit der Kunst beschäftigen, ein optimales Selbstportrait zu inszenieren (vgl. Kramper 2013). Die Motive typischer Selfies reichen von Gesichts- und Ganzkörperbildern bis hin zu reinen Anatomiefotos, bei denen bspw. vom Körper der jungen Frau nichts anderes zu sehen ist als die sogenannte „Thigh Gap". Gemeint ist damit die Lücke zwischen weiblichen Oberschenkeln, die im Stand bei geschlossenen Beinen entsteht und als aktuelles Zeichen für die perfekte Schön- und Schlankheit gilt (vgl. Wunderer 2015, S. 96; Rohrhofer 2013). Aus dem Wunsch nach Anerkennung und Bewunderung heraus verfolgen die jungen Frauen das Ziel, mit Unterstützung der „Selfies" – zumindest scheinbarerweise – möglichst nah an das medial verbreitete Schönheitsideal heranzukommen bzw. von anderen als möglichst attraktiv wahrgenommen zu werden. Darüber hinaus dokumentieren immer mehr Mädchen und junge Frauen mit Hilfe der Fotos ihre sportlichen Erfolge bzw. ihre Diätfortschritte. Diese wiederum unterstreichen die medialen Botschaften wie bspw.: „Wenn du dich genügend anstrengst, kannst du auch so schön und damit beliebt sein wie deine prominenten Vorbilder!" (vgl. Rohrhofer 2013). Letztlich unterscheidet sich damit die private, virtuelle Inszenierung des Selbst kaum noch von den Methoden der Medienstrategen. So verstärken diese Frauen noch selbst den durch die Medien hervorgerufenen, für die individuelle Körperzufriedenheit so gefährlichen intrasexuellen Konkurrenzdruck in Richtung Schlankheit und tragen somit auch selbst unbewusst zu der negativen Medienwirkung auf das subjektive Körperbild junger Frauen bei (vgl. Daszkowski 2003, S. 228).

4.2 Einflussvariablen, die eine negative Medienwirkung begünstigen

Obwohl heute jedes Gesellschaftsmitglied unweigerlich mit dem medial verbreiteten und gesellschaftlich geforderten Schlankheitsideal konfrontiert wird (s. Kapitel 2.2), scheinen sich dennoch nicht alle jungen Frauen gleichermaßen negativ durch dieses beeinflussen zu lassen bzw. weisen nicht alle ein negatives oder gestörtes Körperbild auf. Folglich entsteht die negative Medienwirkung in Abhängigkeit von weiteren Einflussvariablen (vgl. Schemer 2006; Jawhari 2011, S. 8). Mit negativer Medienwirkung ist hier die Entwicklung eines – nur vermeintlich erreichbaren – persönlichen Körperideals sowie die daraus möglicherweise resultierenden negativen Folgen für das subjektive Körperbild und das allgemeine Selbstwertgefühl gemeint. In diesem Zusammenhang sind insbesondere der Einfluss der individuellen Lerngeschichte, der lebensthematischen Bezüge, der nötigen Anpassungs- und Integrationsleistung bezüglich des sich – im Zuge verschiedener Entwicklungsrhythmen – wandelnden Körpers sowie der subjektiven Bedeutung des Körperbildes für den Selbstwert der jungen Frau zu nennen, die wir im Folgenden näher betrachten werden (vgl. Vocks/Legenbauer 2005, S. 21 f.).

Wie wahrscheinlich es ist, dass eine junge Frau das gesellschaftlich geforderte und medial verbreitete Schlankheitsideal internalisiert und sich die Diskrepanz zwischen ihrem subjektiv wahrgenommenen Körperbau und diesem medial verbreiteten Schlankheitsideal tatsächlich negativ auf ihr subjektives Körperbild auswirkt, ist davon abhängig, wie sehr sie verinnerlicht hat, dass es für ihre zwischenmenschlichen Beziehungen von Bedeutung ist, dieser Schlankheitsnorm gerecht zu werden (vgl. Jawhari 2011, S. 7). Einerseits spielt es eine Rolle, wie sehr die Erfüllung dieser Norm für sie mit Anerkennung und Wertschätzung verbunden ist und andererseits ist es bedeutsam, in welcher Weise sie mit Sanktionen rechnet, wenn sie dieser Norm nicht gerecht wird oder werden kann (vgl. Kiehl 2010, S. 54). Denn auch, wenn eine Frau – wie deutlich wurde – durch die Medien eine konkrete Vorstellung des gesellschaftlichen Schlankheitsideals vermittelt bekommt, zugleich an die gesellschaftlich bedingten positiven Zuschreibungen bzw. an den insbesondere für Frauen hohen funktionellen Wert der Schlankheit erinnert wird und zudem auch die Annahme gefördert wird, dass der Körper beliebig in eben diese Richtung manipuliert werden kann, ist es ebenso von maßgeblicher Bedeutung, welche persönlichen Erfahrungen diese Frau hinsichtlich dieser Schlankheitsnorm gemacht hat. Hierbei spielt also die **individuelle Lerngeschichte** der jungen Frau eine wichtige Rolle (vgl. Vocks/ Legenbauer 2005, S. 21). Kinder lernen von klein auf, dass ihnen die lebenswichtige Anerkennung, Wertschätzung und Liebe ihrer Familie, insbesondere die ihrer Eltern, sowie im weiteren Lebenslauf die ihrer Freunde bzw. Partner besonders dann zuteil wird, wenn sie deren Werte, Ideale und Erwartungen erfüllen (vgl. Gugutzer 2005, S. 334). Wenn eine Frau nun in einem sozialen Umfeld groß geworden ist, in dem ihr suggeriert wurde (natürlich auch in Folge der gesellschaftlichen Rahmenbedingungen sowie der medialen Suggestion), dass Schlankheit ein wesentlicher Indikator dafür ist, wie schön und damit bewunderns- sowie liebenswert sie als Mädchen oder Frau ist, scheint es naheliegend, dass sie diese an sie herangetragenen normativen Erwartungen hinsichtlich eines schlanken Körpers internalisiert hat und bemüht ist, diesem Wunschbild – oft auch noch als erwachsene Frau – zu entsprechen (vgl. Gugutzer 2005, S. 334; Gesundheitsförderung Schweiz 2013, S. 16; Kiehl 2010, S. 55). Neben Komplimenten bezüglich ihrer Schlankheit, die ihr – immer wieder bestätigend – das Gefühl geben, dass sie ganz besonders für ihre schöne Figur geliebt wird, spielen hier auch Rückmeldungen in Form von Kritik oder Spott bezüglich ihres Aussehens bzw. die indirekte oder direkte Aufforderung, ihren Körper zu verändern (z. B. abzunehmen), eine wesentliche Rolle. Denn dadurch wird dem Mädchen bzw. der jungen Frau gegenteilig suggeriert, dass sie den an sie gerichteten Erwartungen nicht gerecht wird (vgl. Brunhoeber 2009, S. 71; Gesundheitsförderung Schweiz 2013, S. 19 f.; Vocks/ Legenbauer 2005, S. 21; Kiehl 2010, S. 54). In diesem Zusammenhang ist darauf hinzuweisen, dass sich Mädchen und Frauen diese negativen Äußerungen tendenziell mehr zu Herzen nehmen als Jungen und Männer und dadurch auch eher ein negatives Körperbild entwickeln (vgl. Gesundheitsförderung Schweiz 2013, S. 17). So fanden bspw. auch Stormer und Thompson (1996) in ihrer Untersuchung heraus, dass Hänseleien sowie die Vorstellung, mit einer schlanken Figur mehr gemocht zu werden, insbesondere bei jungen Frauen wesentliche Faktoren für die Entstehung ausgeprägter körperbezogener Unzufriedenheit darstellen (vgl. Kiehl 2010, S. 54). Dies scheint vor dem Hintergrund verständlich, dass Frauen in unserer Gesellschaft aufgrund der geschlechtsspezifischen Sozialisation – und hier insbesondere aufgrund der überfordernden Rollenerwartungen – bereits in jungen Jahren stärker vermittelt bekommen, dass soziale Zuwendungen und eine positive Bewertung ihrer Person stark von ihrem äußeren Erscheinungsbild abhängig sind (s. Kapitel 1.2). Zudem definieren sich junge Frauen viel stärker als junge Männer über soziale Bewertungen (vgl. ebd., S. 52 f.).

In Bezug auf die individuelle Lerngeschichte einer jungen Frau sind weiterhin das Vorleben bzw. das Vermitteln verschiedener Methoden zur Gewichtsreduktion durch wichtige Bezugspersonen zu nennen, denn hierdurch wird die Objektivierung des Körpers gefördert (vgl. Gesundheitsförderung Schweiz 2013, S. 19 f.; Vocks/ Legenbauer 2005, S. 21). Hier spielt zum einen die aktive Einflussnahme innerhalb des Erziehungsprozesses eine wesentliche Rolle. So ist davon auszugehen, dass sowohl vorgelebte Figurunzufriedenheit als auch strenges gewichtsregulierendes Verhalten, insbesondere seitens der Mutter, die Vorstellungen von körperlicher Attraktivität und Schlankheit der Tochter mitprägen und somit auch an der Ausbildung einer negativen körperbezogenen Einstellung sowie der Durchführung ungesunder, gewichtsreduzierender Maßnahmen der Tochter beteiligt sind (vgl. Kiehl 2010, S. 54).[4]

Da im weiteren Entwicklungsverlauf der Einfluss seitens der Eltern bzw. der Mutter weniger bedeutsam wird, während soziale Beziehungen zu Gleichaltrigen zunehmend wichtiger werden, ist zum anderem auf die Einflussnahme durch Peergroups zu verweisen (vgl. ebd., S. 55). Hierbei scheint insbesondere die gegenseitige Beeinflussung durch Mitglieder einer Mädchenclique – im Vergleich zum Beeinflussungsgrad in Jungencliquen – besonders stark zu sein (vgl. Wunderer

4 An dieser Stelle ist zudem darauf hinzuweisen, dass aufgrund von Ergebnissen aus Zwillingsstudien und der familiären Häufung von Körperbildproblemen in der Vergangenheit auch verschiedene biologische Faktoren als mögliche Verursacher diskutiert wurden, wobei hierzu noch kein hinreichendes Erklärungsmodell gefunden wurde (vgl. Aschenbrenner 2002, S. 13). Dennoch scheint es möglich, dass Körperbildstörungen im Sinne einer genetischen Prädisposition – bei der mehrere Gene beteiligt zu sein scheinen – vererbt werden. Weniger umstritten ist allerdings die Annahme, dass die familiäre Häufung auch durch die von den Familienmitgliedern geteilte, gemeinsame Umwelt erklärt werden kann (vgl. Wunderer 2015, S. 72).

2015, S. 86). Somit beeinflusst die Einstellung von Freundinnen signifikant die körperbezogene Sorge und die Unzufriedenheit des einzelnen Gruppenmitgliedes (vgl. Kiehl 2010, S. 54). Aus diesem Grund wird in diesem Zusammenhang auch von „sozialer Ansteckung" gesprochen (vgl. Wunderer 2015, S. 86). Dabei scheint der sogenannte „Fat Talk", also die gemeinschaftliche kommunikative Auseinandersetzung mit Figur und Gewicht sowie mit Techniken einer vermeintlich notwendigen Körperdisziplinierung, eine wesentliche Rolle zu spielen (vgl. Kiehl 2010, S. 54). So entsteht durch die wiederkehrende Thematisierung des Erscheinungsbildes eine Kultur der Äußerlichkeit, in der der Körper als funktionales Werkzeug gesehen wird, dessen Gestaltung und Nutzung in der individuellen Verantwortung der jungen Frau liegt. Demnach ist es nicht verwunderlich, dass der Hauptbeweggrund für Frauen, ihr äußeres Erscheinungsbild verändern zu wollen, der Wunsch ist, die Beliebtheit in ihrem sozialen Umfeld zu erhöhen (vgl. Gesundheitsförderung Schweiz 2013, S. 20). Je stärker die Überzeugung ausgeprägt ist, dass sich eine schöne, schlanke Figur günstig auf soziale Beziehungen und vor allem auf den Erfolg beim anderen Geschlecht auswirkt, desto wahrscheinlicher kommt es zu körperbezogenen Sorgen bzw. Unzufriedenheit (vgl. Kiehl 2010, S. 54).

Schlussfolgernd kann also davon ausgegangen werden, dass die individuelle Lerngeschichte dazu beitragen kann, dass ein – nur vermeintlich erreichbares – überschlankes Körperideal, das sich an dem gesellschaftlichen und medial transportierten Ideal orientiert, als persönliches Ziel internalisiert wird. Ist dies der Fall, wird sich die Diskrepanz zu diesem persönlichen Ideal verstärkt in einer körperbezogenen Unzufriedenheit äußern (vgl. Gartmann 2008, S. 194; Kiehl 2010, S. 55). Dies konnten auch Dittmar et al. (2009) in ihrer experimentellen Studie über dünne Körperideale in den Medien herausarbeiten (vgl. Jawhari 2011, S. 14; Gartmann 2008, S. 194).

Neben der individuellen Lerngeschichte sind weiterhin die **individuellen lebensthematischen Bezüge** der jungen Frau für das Ausmaß der negativen Medienwirkung von wesentlicher Bedeutung. Es wurde bereits erwähnt, dass in verschiedenen Lebensphasen eines Menschen unterschiedliche Aspekte des Körpers an Bedeutung gewinnen (s. Kapitel 3.2). Bspw. ziehen jüngere Frauen häufiger physische Merkmale zur Charakterisierung der eigenen Person heran, während die Aufmerksamkeit von Frauen im höheren Alter öfter ihrem psychischen Selbst sowie ihrer körperlichen Integrität gilt (vgl. Daszkowski 2003, S. 79, 32; Klein 2003, S. 45; Herpertz et al. 2008, S. 11).

In unserer Gesellschaft ist das äußere Erscheinungsbild allgemein wichtiger geworden (s. Kapitel 1.1). Allerdings steht für Frauen generell (s. Kapitel 1.2, 3.3) und insbesondere für junge Frauen die körperliche Attraktivität häufig besonders im Vordergrund. So ist die körperliche Attraktivität für junge Frauen – vor allem bezogen auf ihre Reproduktionsfähigkeit und der damit in Verbindung stehenden potenziellen Partnerwahl – in besonderer Weise bedeutsam (vgl. Daszkowski 2003, S. 68). In diesem Zusammenhang ist noch einmal darauf hinzuweisen, dass die Werbestrategen auf eben diese Zielgruppe und ihr Bedürfnis nach Attraktivität abzielen (s. Kapitel 2.2).

Außerdem ist zu berücksichtigen, dass die jüngeren Menschen unserer Gesellschaft bereits in einer digitalisierten Welt aufgewachsen sind. Daher ist für sie der Umgang mit verschiedenen Medien ganz selbstverständlich, und es kann zudem auch davon ausgegangen werden, dass sie diese Medien dementsprechend auch umfangreicher nutzen (vgl. ebd.). Laut der Zeitbudgeterhebung von 2001/2002 wenden bspw. deutsche Jugendliche gut 14 und junge Erwachsene gut 11 Stunden pro Woche für Fernsehen und Filme auf (vgl. Wunderer 2015, S. 97). Folglich haben sie vermutlich auch eine positivere Einstellung gegenüber den medialen Botschaften, die wiederum eine potenzielle Beeinflussung durch diese Botschaften begünstigt (vgl. Gartmann 2008, S. 195). Allem Anschein nach verfehlt der mediale Konsum seine Wirkung nicht (vgl. Daszkowski 2003, S. 68). So konnten bspw. Posavac et al. (1998) in ihrem Experiment einen deutlichen Zusammenhang zwischen dem Umfang des Medienkonsums und der Sorge bzw. Unzufriedenheit mit der eigenen Figur nachweisen (vgl. ebd., S. 79). Eine Untersuchung von WissenschaftlerInnen der Harvard Medical School auf den Fidschi-Inseln ist hierfür bezeichnend. In der Provinz Nadroga auf Fidschi wurde 1995 das Fernsehen eingeführt. Bis 1995 waren hier Diäten mehr oder weniger unbekannt. Nur drei Jahre später (1998) gaben 69 % der befragten Mädchen an, eine Diät ausprobiert zu haben (vgl. Gugutzer 2005, S. 325 f.). Die Verbindung zwischen der Verbreitung des westlichen Schlankheitsideals durch die Medien und der Entwicklung von Diätverhalten bis hin zu Körperbildproblemen lässt sich darüber hinaus auch in anderen Ländern beobachten (vgl. Wunderer 2015, S. 97). Auch Kluge et al. fanden in ihrer Studie heraus, dass sich durchschnittlich 51 % der Frauen (und im Vergleich nur 31 % der Männer) bezüglich der eigenen Vorstellung von Schönheit durch Zeitschriften, Kataloge, Filme oder Fernsehen bewusst anregen lassen (vgl. Kluge et al. 1999, S. 97). Bei jungen Frauen lag die Prozentzahl sogar bei knapp 57 % (vgl. ebd., S. 71). Obwohl sich junge Frauen vielleicht in gewisser Weise bewusst sind, dass Frauenkörper in den Medien retuschiert und „verschlankt" werden, haben sie das Gefühl, von diesen unter Druck gesetzt zu werden (vgl. Wunderer 2015, S. 96). Zudem ist hier erneut auf die bereits erwähnte Studie des Internationalen Zentralinstituts für das Jugend- und Bildungsfernsehen und des Bundesfachverbandes für Essstörungen zu verweisen, in der vor allem die jungen Probandinnen angaben, dass der Vergleich mit den Kandidatinnen der Fernsehsendung „Germany´s next Topmodel" einen negativen Einfluss auf ihre Körperzufriedenheit sowie ihr Selbstwertgefühl hatte. So gab fast ein Drittel der Befragten an, dass die Sendung einen „sehr starken Einfluss" auf ihr subjektives Körperbild nahm, während ein weiteres Drittel zumindest von einem „leichten Einfluss" ausging (vgl. IZI 2015, S. 1).

Vor diesem Hintergrund wird verständlich, dass junge Frauen, für die das äußere Erscheinungsbild, d. h. Schlanksein, ein bedeutsamer Aspekt ihres Selbstkonzeptes ist, sensibler auf die medialen Botschaften reagieren. So erhöht sich mit der empfundenen Bedeutsamkeit der körperlichen Attraktivität nicht nur die Wahrscheinlichkeit, ein persönliches Körperideal zu entwickeln, das – wenn überhaupt – nur durch rigide Körperkontrolle in Form von Diäten oder Fitnesstraining erreicht werden kann, sondern es steigt auch die Gefahr, dass sich eine etwaige ästhetische Diskrepanz zwischen dem eigenen Körper und dem idealisierten dünnen Körperideal negativer auf das allgemeine Selbstwertgefühl auswirkt als bei Frauen, für die das äußere Erscheinungsbild weniger bedeutsam für ihr Selbstkonzept ist, da der Selbstwert hier durch das „schlechtere Abschneiden" kaum oder weniger tangiert wird (s. Kapitel 3.3) (vgl. Gartmann 2008, S. 62; Jawhari 2011, S. 14; Wunderer 2015, S. 77).

Weiterhin ist auf die nötige **Anpassungs- und Integrationsleistung** bezüglich des sich im Lebensverlauf wandelnden Körpers als eine der – möglicherweise mit der medialen Suggestion in Wechselwirkung stehenden – Einflussgrößen in Bezug auf das Körperbild zu verweisen. Wie unter Kapitel 3.2 bereits erwähnt, ist in der Pubertät nicht nur die Identitäsfindung, sondern auch die Entwicklung einer Grundeinstellung zum eigenen Körper als eine besondere Entwicklungsaufgabe anzusehen. Hier stellt die Integration der natürlichen geschlechtsspezifischen Körperveränderung eine große – manchmal eine im Sinne einer gesunden Entwicklung zu große – Herausforderung für junge Menschen dar (vgl. Kreikebaum 1999, S. 28). Durch den östrogenbedingten Anstieg des Körperfettanteils (zur Vorbereitung einer potenziellen Schwangerschaft) entwickelt sich die Figur pubertierender Mädchen bzw. junger Frauen in dieser sensiblen Entwicklungsphase, in der sich unter anderem soziokulturelle Einstellungen bezüglich Schönheit verfestigen, entgegengesetzt zu dem derzeitigen gesellschaftlichen und medial verbreiteten Schlankheitsideal (vgl. Wunderer 2015, S. 102; Kreikebaum 1999, S. 28; Aschenbrenner 2002, S. 10; Kiehl 2010, S. 54). So steigt der relative Anteil des Fettgewebes bei weiblichen Jugendlichen während des Übergangs vom Kindes- ins Erwachsenenalter von ca. 8 % auf 22 % des Gesamtgewebes an, während Jungen in diesem Alter vor allem an Muskelmasse gewinnen und somit eine Annäherung an das Männlichkeitsideal erfahren (vgl. Kreikebaum 1999, S. 29). Unter diesem Gesichtspunkt scheint es auch nachvollziehbar, dass junge Frauen generell eine sehr kritische Einstellung zu ihren Körpern besitzen und mit ihrem Aussehen besonders häufig unzufrieden sind (s. Kapitel 5.2) (vgl. Kiehl 2010, S. 53; Gartmann 2008, S. 63; Daszkowski 2003, S. 78).

Auch ist darauf hinzuweisen, dass vor allem frühreife Mädchen eine vergleichsweise hohe Körperunzufriedenheit aufweisen. Dies wiederum erscheint vor dem Hintergrund verständlich, dass eine solche Normabweichung verstärkt von hänselnden und verunsichernden Bemerkungen im sozialen Umfeld begleitet wird, die – wie bereits deutlich wurde – mit einer signifikant erhöhten Körperunzufriedenheit der Betroffenen zusammenhängen (vgl. Kreikebaum 1999, S. 30).

Aber auch in der Phase nach der Adoleszenz, also im jungen Erwachsenenalter, in dem sich eine zuvor entstandene, negative Grundeinstellung weiter verfestigen kann (s. Kapitel 3.2), ist die auf den Körper bezogene Unzufriedenheit bei Frauen – teilweise auch durch erste altersbedingte körperliche Veränderungen bedingt – weit verbreitet (s. Kapitel 5.2) (vgl. Brunhoeber 2009, S. 25; Daszkowski 2003, S. 33). Denn durch altersbedingte Veränderungen ist körperliche Schönheit auch vergänglich. Sie kann nur in bedingtem Maße aufrechterhalten werden. Da sich das Glücksgefühl immer an Vorangegangenem misst, muss für den Soll-Zustand, der erneut Glücksempfinden hervorbringen soll, folglich hohe Leistung erbracht werden (vgl. Posch 2009, S. 212).

Letztlich scheint die Diskrepanz zwischen der Wahrnehmung des eigenen Körpers und dem persönlichen Körperideal nicht nur bei der Erklärung der Unzufriedenheit mit dem eigenen Körper, sondern auch bei der Erklärung der negativen Effekte der Medienwirkung eine Rolle zu spielen (vgl. Jawhari 2011, S. 12). So steigt die Wahrscheinlichkeit eines Vergleichs – nach Festingers Theorie (1954) der sozialen Vergleichsprozesse – mit der Unsicherheit bezüglich des Vergleichskriteriums (vgl. ebd., S. 8). Es kann entsprechend vermutet werden, dass für jüngere Frauen mit einem negativen Körperbild eine etwaige ästhetische Diskrepanz zu den Medienidealen als belastender oder bedeutender empfunden wird, als es bei Frauen mit einem positiven Körperbild der Fall wäre (vgl. Gartmann 2008, S. 62 ff., 192 f.). So gaben bspw. auch in der Studie des Internationalen Zentralinstituts für das Jugend- und Bildungsfernsehen und des Bundesfachverbandes für Essstörungen (s. eben) 85 % der Probandinnen an, dass der Vergleich zu den potenziellen Models der Fernsehsendung „Germany´s next Topmodel" ihre bereits bestehende körperbezogene Unzufriedenheit verstärkt hätte (vgl. IZI 2015, S. 1).

Auch erscheint es uns an dieser Stelle sinnvoll, noch einmal auf die hohe Wahrscheinlichkeit hinzuweisen, mit der Frauen, die das Schlanksein als erstrebenswert empfinden, vermutlich auch die Annahme internalisiert haben, ihren Körper dahingehend manipulieren zu können (s. eben), und mit der eine von ihnen konstatierte Diskrepanz zu ihrem subjektiven Ideal von ihnen als persönliches Versagen wahrgenommen wird. So hängt das Ausmaß, wie sehr sich eine negative Bewertung auf die Gefühle und somit auf den Selbstwert auswirkt, davon ab, wie sehr die Verantwortung für das Vergleichsergebnis äußeren Umständen oder der eigenen Person zugeschrieben wird (vgl. Gartmann 2008, S. 62). Insgesamt geben in Deutschland durchschnittlich 80 % der Bevölkerung an, sich für ihr allgemeines Aussehen selbst verantwortlich zu fühlen, und über 90 % zeigen sich überzeugt, für den eigenen Körper bzw. ihre Figur selbst die Verantwortung zu tragen (vgl. Kluge et al. 1999, S. 52).

Vor diesem Hintergrund kann überdies angenommen werden, dass junge Frauen bereits eine kleine ästhetische Diskrepanz zu ihrem subjektiven Ideal als gravierend und somit als belastend erleben können (vgl. Gartmann 2008, S. 62 ff., 192 f., 197). Dies verdeutlicht darüber hinaus noch einmal, warum das objektive Erscheinungsbild ein schlechter Moderator für ein positives Körperbild zu sein scheint und ein positives Körperbild und die Zufriedenheit mit sich selbst eben nicht, wie durch die Medien suggeriert, durch die Investition in das äußere Erscheinungsbild erreicht werden können (s. Kapitel 3.3).

Folglich geht es stärker um die internalisierte Bedeutung des Schönheitsideals und die Gewichtung des Körperbildes innerhalb der Identitätshierarchie sowie um ein Diskrepanzempfinden als um tatsächliche Diskrepanzen zwischen dem objektiven Erscheinungsbild und dem persönlichen Körperideal (vgl. Jawhari 2011, S. 15, 8).

Wie ungünstig sich der interne Vergleich zwischen dem subjektiv wahrgenommenen Erscheinungsbild und dem überhöhten persönlichen Körperideal trotz eines hohen Stellenwerts des Körperbildes innerhalb des Selbstkonzeptes auf das allgemeine **Selbstwertgefühl** auswirkt, ist wiederum davon abhängig, wie facettenreich das Selbstkonzept der jungen Frau ist und wie stabil diese Facetten unabhängig von ihrer Anzahl sind. So konnte die Instabilität des Selbstkonzeptes mit einem niedrigen Selbstwertgefühl in Zusammenhang gebracht werden (vgl. ebd., S. 8). Folglich führt ein weniger facettenreiches und insgesamt eher instabiles Selbstkonzept vermutlich dazu, dass sich die körperbezogene Unzufriedenheit negativer auf das bereits wenig gefestigte allgemeine Selbstwertgefühl auswirkt (vgl. Gartmann 2008, S. 64, 196).

Insbesondere für junge Frauen scheint dieses Risiko besonders groß zu sein, da zum einen die Teilbereiche des Selbstkonzeptes bei jungen Frauen im Vergleich zu älteren Frauen aufgrund ihrer geringeren Lebenserfahrung oftmals noch nicht so vielfältig und stabil sind (vgl. Herpertz et al. 2008, S. 11). Und zum anderen führt – wie wir bereits im ersten Kapitel aufgezeigt haben – die steigende Vielfalt an alternativen Wahlmöglichkeiten bzw. -pflichten in den verschiedenen

Lebensbereichen in unserer Gesellschaft ganz besonders für junge Menschen, die sich in einer Phase kritischer Entwicklungsübergänge befinden, nicht nur zu einem Selektionszwang, sondern durch die damit zusammenhängende Überforderung häufig auch zu einer Orientierungslosigkeit. Zudem sind hier erneut die geschlechtsspezifischen Rollenbelastungen junger Frauen zu erwähnen. Durch die gesellschaftlichen und kulturellen Rahmenbedingungen kann es Frauen nur bedingt gelingen, tatsächlich die divergierenden Rollenanforderungen zu erfüllen. Nicht selten führen die widersprüchlichen Erwartungen zu Rollenkonflikten bzw. Unsicherheiten (s. Kapitel 1). Diese erlebte Hilflosigkeit birgt wiederum das Risiko, dass die unterschiedlichen Bereiche der Identität nicht ausreichend stabilisiert werden (vgl. Wunderer 2015, S. 107; Kluge et al. 1999, S. 11).

In diesem Zusammenhang ist weiterhin einerseits auf die Gefahr aufmerksam zu machen, dass eine Überbewertung des äußeren Erscheinungsbildes (sehr hoher Stellwert des Körperbildes innerhalb des Selbstkonzeptes) auf Dauer dazu führen kann, dass dieses zu Ungunsten der individuellen Identität in den Vordergrund rückt und dadurch andere Teilbereiche des bereits instabilen Selbstkonzeptes weniger bedeutsam oder überlagert werden bzw. regelrecht verkümmern (vgl. Brunhoeber 2009, S. 73, 75 f.; Gartmann 2008, S. 64, 196). So wurde im Verlauf des Buches (s. Kapitel 1.1) bereits darauf hingewiesen, dass es für die psychische Gesundheit von wesentlicher Bedeutung ist, dass die verschiedenen Teilaspekte des Selbstkonzeptes in einem selbstreflexiven Prozess immer wieder in ein relatives Gleichgewicht gebracht werden müssen (vgl. Stahr et al. 2003, S. 76; Klein 2003, S. 12). Und letztlich kann die Überbewertung des eigenen Aussehens wiederum dazu beitragen, dass vergeblich versucht wird, diese Identitäts- oder Selbstwertproblematik durch die Arbeit am eigenen Körper auszugleichen (vgl. Brunhoeber 2009, S. 41).

Andererseits macht ein mangelndes Bewusstsein der eigenen Fähigkeiten sowie der eigenen Einzigartigkeit, das mit einem vergleichsweise instabilen Selbstwertgefühl einhergeht, junge Frauen in besonderer Weise anfällig für doppeldeutige Botschaften der Medien (vgl. Daszkowski 2003, S. 77; Gartmann 2008, S. 64; Jawhari 2011, S. 8) wie bspw.: „Sei selbstbewusst, aber ändere zunächst dein Aussehen“ (Daszkowski 2003, S. 77).

Da die Entstehung einer Identitäts- oder Selbstwertproblematik – abgesehen von entwicklungs- bzw. altersbedingten und gesellschaftlichen Faktoren – zudem maßgeblich von individualpsychologischen Variablen abhängig ist, ist hier erneut auf die individuelle Lerngeschichte der jungen Frau hinzuweisen. So können vielfältige Faktoren bei der Entwicklung einer Identitäts- oder Selbstwertproblematik eine Rolle spielen.

Insbesondere sind hier belastende sowie überfordernde Lebensereignisse bzw. Situationen sowie wenig förderliche soziale Umweltfaktoren zu nennen. Zu den belastenden sowie überfordernden Lebensereignissen bzw. Situationen können bspw. Verlust- und Trennungserfahrungen, psychische Gewalterfahrungen z. B. in Form von Spott und Hohn (s. eben) sowie körperliche oder sexuelle Misshandlung gezählt werden (vgl. Brunhoeber 2009, S. 69; Wunderer 2015, S. 82). Bei den ungünstigen sozialen Umweltfaktoren sind einerseits instabile Beziehungen zu Gleichaltrigen – bspw. durch soziale Ausgrenzung – und zum anderen problematische Partnerschafts- und Familienstrukturen zu erwähnen (vgl. Kiehl 2010, S. 55). So können dysfunktionale Kommunikations- und Interaktionsstile innerhalb der Familie, in Freundschaftsbeziehungen sowie in Partnerschaften das Selbstwertgefühl beeinträchtigen (vgl. Wunderer 2015, S. 77). Unter anderem kann bspw. eine Überbehütung seitens der Eltern dazu führen, dass eine Tochter wenig Raum hat, sich selbstständig zu entfalten. Gegenteilig kann mangelnde soziale Unterstützung seitens der Eltern (in Form von z. B. emotionaler Vernachlässigung bzw. Zurückweisung, strafenden oder disziplinierenden Erziehungsmaßnahmen, inadäquaten Reaktionen auf grundlegende Bedürfnisse sowie überhöhten Ansprüchen an die Tochter) zu einem Gefühl der Unzulänglichkeit des Kindes führen, das bis ins Erwachsenenalter bestehen bleiben kann (vgl. Brunhoeber 2009, S. 69 f.). Dieses Gefühl der Unzulänglichkeit bzw. ein daraus resultierendes niedriges Selbstwertgefühl ist häufig mit einer erhöhten Ängstlichkeit, negativ bewertet zu werden, sowie einem entsprechend stark ausgeprägten Bemühen, die Erwartungen von Mitmenschen nicht zu enttäuschen, verbunden (vgl. Wunderer 2015, S. 78). So steht ein niedriges Selbstbewusstsein bzw. ein instabiles Selbstkonzept häufig mit überhöhten Ansprüchen an sich selbst (Perfektionismus) in Zusammenhang (vgl. Wunderer 2015, S. 80; Aschenbrenner 2002, S. 15).

Diese vergleichsweise größere Diskrepanz zwischen der Wahrnehmung des Selbst und dem persönlichen Ideal wiederum kann indirekt auch zu körperbezogener Unzufriedenheit der betroffenen jungen Frauen beitragen, indem sie die Bereitschaft, das Schlankheitsideal zu verinnerlichen, erhöht (vgl. Wunderer 2015, S. 80). Dies verdeutlicht also noch einmal, warum Frauen mit einem niedrigen Selbstbewusstsein in besonderer Weise empfänglich für die gesellschaftlichen und medial verbreiteten Botschaften sind.

So veranlasst eine bestehende Identitäts- oder Selbstwertunsicherheit junge Frauen zu der Suche nach Vorbildern und/oder Möglichkeiten, sich zu verwirklichen, und führt somit vermehrt zu einer Abhängigkeit von den gesellschaftlich übermittelten Leitbildern und Ideologien (s. Kapitel 1.2) (vgl. Stahr et al. 2003 S. 81 f.; Kluge et al. 1999, S. 11; Brunhoeber 2009, S. 72; Wunderer 2015, S. 107). Dabei wird die Schlankheit – entsprechend den hochgesteckten gesellschaftlichen Normen – als Stärke erlebt und die Arbeit am eigenen Körper dementsprechend als Möglichkeit wahrgenommen, Kontrolle über den eigenen Körper und damit vermeintlich über das eigene Leben zu erlangen, um somit eine Steigerung des Selbstwertes erzielen zu können (vgl. Aschenbrenner 2002, S. 15; Wunderer 2015, S. 77, 108).

Es wird also deutlich, dass umgekehrt auch eine bereits bestehende Identitäts- oder Selbstwertproblematik dazu führen kann, dass ein nur scheinbar erreichbares, persönliches Körperideal aufgrund seines funktionellen Wertes als erstrebenswert internalisiert wird, und durch die damit einhergehende Vorstellung, dass der Körper beliebig in Richtung dieses Ideals geformt werden kann, letztlich eine körperbezogene Unzufriedenheit entsteht. Dadurch, dass versucht wird, mit Erreichen des Ideals nicht nur die körperbezogene Unzufriedenheit zu kompensieren, sondern auch intendiert wird, das Selbstwertgefühl zu festigen, erlangt wiederum das Körperbild als bereichsspezifisches Selbstkonzept des Aussehens einen bedeutenderen Stellenwert innerhalb des allgemeinen Selbstkonzeptes (vgl. Brunhoeber 2009, S. 72). Da das Individuum dem Ideal in der Regel nicht gerecht werden kann und die Arbeit am eigenen Aussehen generell ungeeignet ist, das Selbstwertgefühl entscheidend zu stärken, weil dabei, wie deutlich wurde, andere Kompetenzbereiche vernachlässigt werden, wird sich letzten Endes nicht nur die körperbezogene Unzufriedenheit, sondern auch die auf das

Körperäußere projizierte Identitäts- oder Selbstwertproblematik verstärken (vgl. ebd., S. 76).

Zusammenfassend kann also festgehalten werden, dass junge Frauen generell anfälliger für die negativen Effekte des Medienkonsums auf das subjektive Körperbild sowie das Selbstwertgefühl als Männer bzw. ältere Frauen sind. Hierbei muss allerdings im Einzelnen berücksichtigt werden, wie sehr die junge Frau das gesellschaftliche Schönheitsideal auf der Basis ihrer individuellen Lerngeschichte als erstrebenswert internalisiert hat, welchen Stellenwert das Körperbild als bereichsspezifisches Selbstkonzept des Aussehens innerhalb ihres gesamten Selbstkonzeptes einnimmt, ob sie in der Lage ist, die entwicklungsbedingten Veränderungen ihres äußeren Erscheinungsbildes adäquat in ihr Körperbild zu integrieren, und wie stabil ihr Selbstwertgefühl ist bzw. wie sehr dieses auch auf anderen Lebensbereichen (so z. B. auf Partner- und Freundschaften, auf Ausbildung und Beruf oder auf Fähigkeiten und Interessen) basiert.

Da durch die aufgeführten Aspekte deutlich wird, dass ein instabiler Selbstwert bzw. eine Identitätsproblematik die Gefahr erhöht, dass die körperbezogene Unzufriedenheit einen unangemessenen Einfluss auf die Selbstbewertung ausübt, scheint die beste Möglichkeit zu sein, sich als junge Frau vor den negativen Wirkungen der medial transportierten Idealkörperbilder zu schützen, ein gesundes Selbstvertrauen sowie ein gutes, d. h. akzeptierendes Verhältnis zum eigenen Körper aufzubauen (vgl. Gartmann 2008, S. 199).

5. Die Auswirkungen des weiblichen Körperideals auf das subjektive Körperbild junger Frauen

Das folgende Kapitel widmet sich der Beantwortung der des Buches zugrundeliegenden Leitfrage („Inwieweit wirkt sich das gesellschaftliche, medial flächendeckend verbreitete Körperideal auf das subjektive Körperbild junger Frauen aus?"). Wie zuvor ersichtlich wurde, besteht insbesondere für junge Frauen die Gefahr, dass sie das gesellschaftliche, nahezu unerreichbare Körperideal als erstrebenswert internalisieren, und dass eine etwaige Diskrepanz zu diesem Ideal durch eine Überbewertung ihres jeweiligen äußeren Erscheinungsbildes einen unangemessenen, negativen Einfluss auf ihr subjektives Körperbild sowie ihren Selbstwert ausübt. Infolge einer solch negativen Beeinflussung des subjektiven Körperbildes sowie des allgemeinen Selbstwertgefühls können – wie sich zeigen wird – Körperbildstörungen entstehen. Daher möchten wir im folgenden Kapitel zunächst auf die subklinischen und klinischen Körperbildstörungen, deren Entstehung an das gesellschaftliche Körperideal gebunden sind, näher eingehen.

Um die Leitfragestellung beantworten zu können, werden wir anschließend aufzeigen, wie sich die negative bzw. gestörte Wahrnehmung des eigenen Körpers, die auf dem Vergleich mit dem persönlichen Ideal beruht, das sich wiederum an dem gesellschaftlichen, medial verbreiteten Körperideal orientiert, auf die Kognitionen, die Emotionen sowie das Verhalten junger Frauen auswirkt, deren subjektives Körpererleben noch nicht als klinisch klassifiziert werden kann. Sodann werden wir der Frage nachgehen, welche Belastungen und Einschränkungen sich dadurch für sie ergeben. Zum Abschluss des Kapitels werden wir im Hinblick auf unsere Leitfragestellung noch einmal zusammenfassend die wichtigsten Erkenntnisse des bisherigen Buches aufzeigen.

5.1 Subklinische und klinische Körperbildstörungen

Seit Anfang des 20. Jahrhunderts haben Störungen des subjektiven Körpererlebens das Forschungsinteresse geweckt (vgl. Daszkowski 2003, S. 14). Allerdings wurde erst ab etwa 1950 der ursprünglich in der Neuropathologie geprägte Begriff „Körperbildstörung" verwendet (vgl. ebd., S. 15). Auch wenn heute verschiedene Formen der Körperbildstörungen bekannt sind, deren Genese anderweitig bedingt ist, werden wir uns im Rahmen dieses Buches nur mit Körperbildstörungen beschäftigen, deren Entstehung im Zusammenhang mit dem gesellschaftlichen Schönheits- bzw. Schlankheitsideal steht. Zu diesen gehören die auf die äußere Attraktivität bezogenen Körperbildstörungen, denen keine neurologisch bedingte Fehlwahrnehmung des Körpers zugrundeliegt. Von einer solchen Störung wird gesprochen, wenn eine verzerrte Selbstwahrnehmung bzw. eine systematische Unterschätzung des eigenen Aussehens das Körpererleben trübt und einen übertriebenen Einfluss auf die Selbstbewertung ausübt (vgl. Mennighaus 2007; Gartmann 2008, S. 29; Daskowksi 2003, S. 15).

Die Betroffenen nehmen dabei ihren Körper zwar richtig wahr, empfinden sich jedoch trotz ihres objektiv oft attraktiven oder zumindest durchschnittlichen Aussehens bzw. trotz ihres aus medizinischer Sicht gesunden, gut proportionierten Körpers im Vergleich zu ihrem überhöhten persönlichen Schönheitsideal, das orientiert ist an dem gesellschaftlich vorherrschenden Körperideal, dem scheinbar jeder gerecht werden kann, als hässlich (vgl. Thies 1998, S. 9; Gartmann 2008, S. 29; Boothe/ Riecher-Rössler 2013, S. 173; Mennighaus 2007; Daszkowski 2003, S. 9, 14). Folglich handelt es sich angesichts der real existierenden biologischen Variabilität um eine rein subjektiv wahrgenommene Abweichung. Am streng normierten Körperideal gemessen liegt jedoch tatsächlich eine objektive Diskrepanz vor. Diese wird von den Betroffenen allerdings in ihrer Bedeutung überschätzt (vgl. Daszkowski 2003, S. 7). Hierbei ist entscheidend, dass die unangemessene Bedeutung des eigenen Aussehens für die Selbstbewertung auf einer – abhängig vom Schweregrad der Störung mehr oder weniger stark ausgeprägten, unbewusst auf den Körper projizierten – Selbstwert- oder Identitätsproblematik beruht (s. Kapitel 4.2) (vgl. Daszkowski 2003, S. 93; Brunhoeber 2009, S. 76). So versuchen die Betroffenen durch die

Arbeit am eigenen Körper ihr Selbstwertgefühl aufzubessern bzw. ihre Identität zu festigen. Unklar ist dabei, ob die Selbstwert- oder Identitätsproblematik bereits vor Beginn der Störung bestand oder ob sie dadurch entstanden ist, dass dem äußeren Erscheinungsbild im Vergleich zu anderen Identitätsbereichen eine zu große Bedeutung beigemessen wurde (s. Kapitel 4.2) (vgl. Brunhoeber 2009, S. 41).

Da sich das persönliche Körperideal immer auch – wie deutlich wurde – an dem gesellschaftlichen Schönheits- bzw. Schlankheitsideal orientiert, wundert es nicht, dass in den westlichen Gesellschaften die klinischen Formen der Körperbildstörungen insgesamt zugenommen haben (vgl. Brunhoeber 2009, S. 49, 71; Daszkowski 2003, S. 21; Baumann 2011, S. 69). Aber vor allem auch die Beeinträchtigungen des subjektiven Körperbilderlebens, die nach den derzeitigen Klassifikationssystemen noch nicht als klinisch zu bezeichnen sind, steigen an und stellen in besorgniserregender Weise ein weitverbreitetes Phänomen dar (vgl. Daszkowski 2003, S. 8, 16; Boothe/ Riecher-Rössler 2013, S. 173 f.; Wunderer 2015, S. 62 f.; McRobbie 2010, S. 133 f.). So zeigen statistische Erhebungen, dass sich die strukturell bedingte Unzufriedenheit mit dem eigenen Körper entsprechend der überall präsenten, ständigen Konfrontation mit dem Schönheits- bzw. Schlankheitsideal kontinuierlich ausdehnt und dass auch in Zukunft mit einem weiteren Anstieg gerechnet werden muss (vgl. Menninghaus 2007). An dieser Stelle ist es uns wichtig anzumerken, dass infolge der Globalisierung und des steigenden Einflusses der westlichen Medien die weltweite Verbreitung des westlichen Schönheitsideals zunimmt und KulturwissenschaftlerInnen nachvollziehbarerweise in Sorge auf den wachsenden Schönheits- bzw. Schlankheitskult blicken. So rechnen die Experten auch in anderen Kulturkreisen mit einem zunehmenden Auftreten der Körperbildbeeinträchtigungen und Körperbildstörungen (s. Kapitel 4.2) (vgl. Daszkowski 2003, S. 14, 36).

Vor dem Hintergrund, dass ganz besonders die nicht als klinisch klassifizierten Körperbildbeeinträchtigungen weit verbreitet sind, ist es wichtig, die bisher vorrangig klinische Betrachtungsweise von Körperbildstörungen in Frage zu stellen (vgl. Boothe/ Riecher-Rössler 2013, S. 173). Daher übernehmen wir Daszkowskis (2003) weniger strenge bzw. weniger pathologisierende Sicht auf die Störungen des Körperbildes, die sich von einer rein psychiatrischen Klassifikation distanziert (vgl. Daszkowski 2003, S. 19, 44, 92).

Nach Daszkowski handelt es sich bei negativen Körperbildern um ein Kontinuum, das von Körperunzufriedenheit über subklinische bis hin zu klinischen Körperbildstörungen reicht (vgl. ebd., S. 16 f., 44).

Die subklinischen Körperbildstörungen liegen also gewissermaßen auf der Schnittstelle zwischen noch unauffälligen Körperbildern und klinischen Körperbildstörungen (vgl. ebd., S. 19). Somit markieren sie im Sinne eines Kipp-Phänomens (Fiedler 1995) den Übergang zwischen einer mehr oder weniger gelungenen „Anpassung an gesellschaftliche Forderungen (z. B. eine sozial erwünschte, schlanke Figur aufzuweisen) und einer selbstschädigenden, fehlgeleiteten Strategie zur Konfliktbewältigung (z. B. der Versuch, ein niedriges Selbstwertgefühl durch eine möglichst perfekte Figur zu kompensieren)" (Daszkowski 2003, S. 19). Bei dieser Betrachtungsweise lassen sich Störungen des Körperbildes abhängig von ihrem Schweregrad grob in „subklinische Körperbildstörungen" und „klinische Körperbildstörungen" einteilen (vgl. Daszkowksi 2003, S. 16 f.; Boothe/ Riecher-Rössler 2013, S. 174).

Die subklinischen Körperbildstörungen, die sich chronifizieren können und somit die Vorläufer der klinischen Körperbildstörungen darstellen, beinhalten Beeinträchtigungen des Körpererlebens, die zwar das Alltagsleben nicht vollends behindern, es aber bereits einschränken und in der Regel mit einer allgemeinen, leichten Selbstwertproblematik einhergehen. Symptome einer klinischen Körperbildstörung können bereits in einer abgeschwächten Form vorhanden sein, erfüllen jedoch die diagnostischen Klassifikationskritierien noch nicht oder nicht nicht vollends (vgl. ebd.). Insgesamt sind die subklinischen Störungsbilder in Bezug auf die erlebten Beeinträchtigungen allerdings in vielen Fällen als ähnlich schwerwiegend wie klinische Störungen einzuordnen (vgl. Wunderer 2015, S. 54).

Klinische Störungsbilder gehen mit einer ausgeprägten Selbstwert- bzw. Identitätsproblematik einher und werden von einem hohen Leidensdruck begleitet, der die Betroffenen in ihrem Alltagsleben stark einschränkt (vgl. Daszkowski 2003, S. 13 f., 19). Zu diesen klinischen Störungsbildern gehören sowohl die Körperdysmorphe Störung (s. Anhang 2.1) als auch die Essstörung Bulimia nervosa (s. Anhang 2.2), die in den klinisch-diagnostischen Klassifikationssystemen aufgeführt werden (vgl. ebd., S. 19 ff.). Wenngleich auch bei Anorexia nervosa (s. Anhang 2.3) unbestritten eine Störung des Körpererlebens vorliegt, steht diese im Gegensatz zu der Körperdysmorphen Störung als auch der Essstörung Bulimia nervosa nicht in einem direkten Zusammenhang mit dem gesellschaftlichen Schönheits- bzw. Schlankheitsideal, auch wenn dies fälschlicherweise oft angenommen wird (vgl. Daszkowksi 2003, S. 19 ff.; Herpertz et al. 2008, S. 76). Diese irrtümliche Auffassung liegt darin begründet, dass in der Forschung bzw. der wissenschaftlichen Literatur und dementsprechend auch in der Öffentlichkeit Anorexia nervosa und Bulimia nervosa häufig gemeinsam behandelt werden. Dies führt immer wieder zu Verwirrungen, die nicht nur bewirken, dass es teilweise zu Verwechslungen bezüglich der beiden Störungsbilder kommt, sondern die auch dazu beitragen, dass fälschlicherweise immer wieder generalisierende Annahmen vorgenommen werden (vgl. Herpertz et al. 2008, S. 76). Demnach wäre es sinnvoll Anorexia nervosa und Bulimia nervosa als verschiedene Krankheitsformen zu sehen, die neben Gemeinsamkeiten auch deutliche Unterschiede in ihrer Symptomatik sowie ihrer Entstehungsgeschichte aufweisen. So ist Anorexia nervosa kein zeitgenössisches und kulturgebundenes Phänomen. Die Anorektikerin hat ein persönliches Wunschgewicht, das weit unter dem gesellschaftlichen Ideal liegt. Während es bei den anderen beiden Störungen also darum geht, sich an gesellschaftlich vorherrschende Normen anzupassen, ist Anorexia nervosa nicht mit einem Konformitätswunsch verknüpft. Der Krankheitswert der Anorexia nervosa liegt dementsprechend auf intrapsychischen oder interpersonellen Ebenen und ist nicht an den Schönheits- bzw. Schlankheitswunsch gebunden, auch wenn dieser das Krankheitsbild unterstützt bzw. legitimiert (vgl. ebd., S. 76).

Deshalb möchten wir Anorexia nervosa als extremen Pol des beschriebenen Kontinuums der von uns behandelten Körperbildstörungen bewusst ausgrenzen, da sich unsere Ausarbeitung mit Körperbildstörungen befasst, die in einem engen Zusammenhang mit dem gesellschaftlichen Schönheitsideal stehen, selbst wenn ihnen möglicherweise ein individueller Konflikt zugrundeliegt (vgl. Daszkowski 2003, S. 21; Pöhlmann/ Joraschky 2006, S. 191; Vocks/ Legenbauer 2005 S. 13 f.).

Der Körperdysmorphen Störung und der Essstörung Bulimia nervosa ist also das an die gesellschaftlichen Bedingungen gekoppelte gestörte Körperbild gemeinsam. Wenngleich wechselseitig sehr hohe Komorbiditätsraten vorliegen (25-39 %), werden die beiden Störungsbilder in der klinischen Psychologie/Psychopathologie dennoch aus den folgenden Gründen voneinander abgegrenzt (vgl. Brunhoeber 2009, S. 56, 34). Während sich die Körperbildstörung bei Bulimia nervosa nur auf das Gewicht bzw. die gesamte oder nur gewisse Teile der Figur beschränkt, kann sich die Sorge bzw. die Unzufriedenheit bei der Körperdysmorphen Störung auch auf jedes andere Körperteil wie bspw. das Gesicht oder die Haut beziehen (vgl. ebd, S. 56). Weiterhin beruht die Abgrenzung der beiden Störungsbilder voneinander auf der – nach den diagnostischen Klassifikationssystemen bei der Körperdysmorphen Störung nicht auftretenden – Essstörungssymptomatik der Bulimia nervosa. Diese äußert sich in anfallsartigen Heißhungerattacken, bei denen sich die Betroffenen in kurzer Zeit große Mengen an Lebensmitteln zuführen, sowie in einem körperbezogenem Kontrollverhalten, das über das Maß einer nicht-klinischen Körperbildstörung hinausgeht (s. Kapitel 5.2). Hierzu zählen bspw. einer Gewichtszunahme entgegensteuernde Maßnahmen wie das selbstinduzierte Erbrechen, oder aber auch der Missbrauch von Abführmitteln (vgl. DHS 2012, S. 11 f.). Zudem werden als weiterer Unterschied der beiden Störungsbilder die differierenden Geschlechtsverteilungen aufgeführt. Während unter Bulimia nervosa überwiegend Frauen leiden, sind bei der Körperdysmorphen Störung ca. 40 % der Männer und 60 % der Frauen betroffen (vgl. Brunhoeber 2009, S. 50).[5]

5 An dieser Stelle ist darauf hinzuweisen, dass in den letzten Jahren immer häufiger über eine Unterform der Körperdysmorphen Störung berichtet wird. Hierbei handelt es sich um die in der westlichen Welt weit verbreiteten Muskeldysmorphophobie (s. Anhang 2.4), die fast ausschließlich bei Männern aufzutreten scheint. Auch bei dieser Störung beschränkt sich die Sorge der Betroffenen insofern nur auf das Gewicht bzw. die Figur, als dass die Betroffenen befürchten, dass ihr Körper an sich zu klein oder zu wenig muskulös ist. Zudem missbrauchen auch hier die Betroffenen Medikamente, die ihnen dazu verhelfen sollen, ihre Idealfigur zu erreichen (vgl. Brunhoeber 2009, S. 13 f.). Aufgrund dessen erscheint es sinnvoll, zukünftig in Betracht zu ziehen, Bulimia nervosa analog zu der Muskeldysmorphophobie generell auch eher als frauenspezifische Unterform der körperdysmorphen Störung anzusehen. Die Ursachen für die Dichotomisierung der beiden Störungen könnten zum einen in der durch die gemeinsame Abhandlung von Anorexia nervosa und Bulimia

Die Prävalenzrate der klinischen Körperbildstörungen liegt – je nach Studie – zwischen 0,9 und 2,4 % der Gesamtbevölkerung, wobei die Körperdysmorphe Störung tendenziell etwas weiter verbreitet zu sein scheint und bei beiden Störungen – aufgrund des Konformitätswunsches der Betroffenen – von einer hohen Dunkelziffer ausgegangen wird (vgl. Brunhoeber 2009, S. 50; Wunderer 2015, S. 46; BZgA 2015). Da – wie dargestellt wurde – unter Bulimia nervosa eindeutig mehr Frauen und unter der Körperdysmorphen Störung immer noch mehrheitlich Frauen leiden, ist die Anzahl der betroffenen Frauen im Vergleich zu Männern immer noch entschieden höher. Dies scheint auch im Hinblick auf die in diesem Buch bereits gewonnenen Erkenntnisse naheliegend. So wurde unter anderem aufgezeigt, dass das äußere Erscheinungsbild für Frauen – im Vergleich zu Männern – eine bedeutendere Rolle für ihr Selbstbild spielt und sie dementsprechend öfter unter den gesellschaftlichen Anforderungen an eben dieses Erscheinungsbild leiden, da es für sie insgesamt wichtiger ist, diesen Anforderungen auch gerecht zu werden (s. Kapitel 1.2, 3.3, 4.2).

In unseren Ausführungen wurde ebenso deutlich, dass die extreme Schlankheit ein zentrales Merkmal des gesellschaftlichen, weiblichen Schönheitsideals darstellt und besonders das Körpergewicht und damit bspw. auch der Bauchumfang als grundsätzlich vom Individuum kontrollierbar gelten (s. Kapitel 2). Vor diesem Hintergrund wundert es nicht, dass die größte Zufriedenheit nach der Untersuchung von Birtchnell et al. (1987) sowie nach der Stichprobe Powers und Erickson (1986) Frauen aufweisen, die unter dem Normalgewicht liegen, und dass weitere Studienergebnisse (Koff und Benavage 1989) darauf hindeuten, dass bei Frauen die Befriedigung darüber, insgesamt schlank zu sein und somit dem Körperideal im Allgemeinen nahe zu kommen, besonders groß ist, auch wenn das bedeutet, in Kauf nehmen zu müssen, bspw. einen flacheren Busen zu haben und damit dem Ideal partiell nicht entsprechen zu können (vgl. Daszkowski 2003, S. 34, 38, 71). Demnach stellt das Gewicht bzw. die Körperbreiteneinschätzung das

nervosa entstehenden Verwirrung begründet sein (s. eben). Zum anderen erscheint es auch naheliegend, dass die bisherige Unterscheidung der Störungen darauf zurückzuführen ist, dass die Körperdysmorphe Störung lange Zeit wissenschaftlich umstritten war und erst in den letzten Jahren vermehrt, allerdings noch unzureichend, untersucht wurde (vgl. ebd., S. 12).

ausschlaggebende Kriterium für die Akzeptanz der eigenen Figur für Frauen dar (vgl. ebd., S. 194, 224).

Folglich ist auch verständlich, dass überwiegend Frauen unter Bulimia nervosa leiden, bei der sich die Körperbildstörung auf die Breite der Figur und das Gewicht bezieht. Entsprechend überraschen auch Studienergebnisse nicht, die aufzeigen, dass die Frauen, die an der Körperdysmorphen Störung erkrankt sind, prozentual besonders häufig ihrem Bauch- bzw. ihrem Taillenumfang sowie ihrem Gewicht ablehnend gegenüberstehen (vgl. Brunhoeber 2009, S. 18).

Auch wenn das Risiko, an einer klinischen Körperbildstörung zu erkranken, demnach für Frauen wesentlich größer ist als für Männer, ist die Gefahr insgesamt noch eher gering. Da allerdings – wie deutlich wurde – die subklinischen Körperbildstörungen vergleichsweise weit verbreitet sind, ist dementsprechend die Wahrscheinlichkeit für Frauen in unserer Gesellschaft, an diesen subklinischen Störungen zu leiden, vergleichsweise hoch (vgl. Daszkowksi 2003, S. 92). Obwohl sich viele WissenschaftlerInnen aufgrund von Studienergebnissen darüber einig sind, dass heutzutage subklinische Formen der Körperbildstörung bei Frauen deutlich häufiger – und vermutlich sogar noch deutlich häufiger als bisher angenommen – auftreten, liegen bisher noch keine eindeutigen Ergebnisse bezüglich der Prävalenzrate subklinischer Störungsbilder vor (vgl. Bischoff 2014, Aschenbrenner 2002, S. 18). So gibt es bis heute nur wenige Studien und Arbeiten, die sich explizit mit subklinischen Körperbildstörungen beschäftigen (vgl. Aschenbrenner 2002, S. 18).

Daher werden wir im Hinblick auf die des Buches zugrundeliegende Leitfrage („Inwieweit wirkt sich das gesellschaftliche, medial flächendeckend verbreitete Körperideal auf das subjektive Körperbild junger Frauen aus?") im nächsten Kapitel darstellen, welche negativen Auswirkungen sich infolge einer – auf die äußere Attraktivität bezogenen – Körperbildstörung im subjektiven Erleben junger Frauen zeigen können. Hierzu werden wir die negativen Auffälligkeiten eines gestörten Körperbildes auf den einzelnen Körperbildebenen darstellen. Sodann werden wir anhand besorgniserregender Studienergebnisse bezüglich Körperbildproblemen in der weiblichen Bevölkerung, denen laut der bisherigen Klassifikationssysteme kein klinischer Krankheitswert zugeschrieben wird, darlegen, wie viele junge Frauen vermutlich betroffen sind. Jedoch beschränken wir uns auch hier lediglich auf negative Auswirkungen hinsichtlich der Bereiche Figur und Gewicht. Dies scheint allerdings auch dahingehend naheliegend, als dass deutlich wurde, dass sich die Sorge und die Unzufriedenheit der Frauen bezüglich ihres äußeren Erscheinungsbildes vor allem auf diese Aspekte beziehen.

5.2 Die Auffälligkeiten negativer Körperbilder

Die negativen Auffälligkeiten eines gestörten Körperbildes können sich bei den betroffenen Frauen auf den bereits eingeführten vier phänomenologischen Ebenen des Körperbildes zeigen (s. Kapitel 3.1) (vgl. Vocks/ Legenbauer 2005, S. 15). Dabei muss berücksichtigt werden, dass, auch wenn – wie bereits erläutert wurde – die vier Körperbildkomponenten nicht isoliert voneinander existieren, sich das gestörte Körperbild nicht zwingend auf allen Körperbildebenen manifestieren muss (vgl. ebd., S. 18). Zudem kann einerseits die Stärke der Symptome der Körperbildstörung generell über die Zeit hinweg schwanken und anderseits können sich die dysfunktionalen Auswirkungen der Körperbildstörung bei den Betroffenen abhängig vom Schweregrad der Körperbildstörung in ihrer Intensität unterscheiden (vgl. Brunhoeber 2009, S. 51; Vocks/ Legenbauer 2005, S. 18). Da insgesamt auch die Symptome und Beeinträchtigungen bei den Betroffenen individuell sehr unterschiedlich bzw. sehr vielschichtig ausfallen können, werden wir im Folgenden beispielhaft die häufigsten negativen Auffälligkeiten – in Bezug auf die Bereiche Figur und Gewicht – beschreiben und mit Hilfe von Studienergebnissen aufzeigen, bei wie vielen Frauen aus der Gesamtbevölkerung, die nicht unter einer klinischen Körperbildstörung leiden, sich diese Auffälligkeiten nachweisen lassen.

Ergänzend ist an dieser Stelle darauf hinzuweisen, dass diese Körperbildprobleme relativ unabhängig vom sozioökonomischen Status der Frauen auftreten, und sich das Phänomen somit in allen sozialen Schichten beobachten lässt (vgl. Wunderer 2015, S. 107 f.). Jedoch gibt es bestimmte Subgruppen, in denen Körperbildprobleme besonders häufig vorkommen. So zeigen sich bei Frauen, die einem Beruf oder einem Hobby nachgehen, bei dem Schlanksein von Vorteil ist, wie bspw. bei Balletttänzerinnen, Ausdauer- und Gymnastiksportlerinnen oder Models, besonders häufig körperbezogene Unzufriedenheit sowie subklinische und klinische Störungen des Körperbildes (vgl. Vocks/ Legenbauer 2005, S. 20). Die Studienergebnisse bezüglich dieser Subgruppen werden allerdings in diesem Kapitel bewusst nicht berücksichtigt.

Auf der **perzeptiven Ebene** zeigen sich die Auswirkungen eines negativen bzw. gestörten Körperbildes in Bezug auf die Figur und das Gewicht insofern, als dass die Betroffenen ihre eigenen Körperdimensionen nicht korrekt einschätzen, d. h. dass die sensorisch einlaufenden Daten – vermutlich meist unbewusst – sogleich verzerrt werden. Diese Fehleinschätzung findet zumeist in Form einer Überschätzung der Körperfülle statt (vgl. ebd., S. 15). So schätzen die betroffenen Frauen, die in der Regel bereits besonders schlank oder zumindest normalgewichtig sind, sich im Vergleich zu ihrem persönlichen Körperideal als zu korpulent ein (vgl. Menninghaus 2007; Thies 1998, S. 9; Gartmann 2008, S. 29). Dieses persönliche Ideal beinhaltet meist ein genau definiertes, im leichten bis mittleren Untergewicht angesiedeltes Wunschgewicht (vgl. Vocks/ Legenbauer 2005, S. 16; Thies 1998, S. 9; Daszkowski 2003, S. 22).

Dieses Phänomen lässt sich heute bei vielen jungen Frauen beobachten. So bevorzugen die meisten jungen Frauen in der Adoleszenz – über alle Jahrgänge innerhalb dieser Phase hinweg – untergewichtige Idealfiguren und empfinden ihren Körper im Vergleich zu diesen als zu dick oder sogar als übergewichtig (vgl. Aschenbrenner 2002, S. 12). Dies bestätigt unter anderem die Potsdamer Studie (2009), in der sich 60 % der normalgewichtigen (BMI 18,5-24,9) sowie 15 % der untergewichtigen (BMI < 18,5) jungen Frauen in der 9. Klasse eine schlankere Figur wünschten. Zu ähnlichen Ergebnissen kommt darüber hinaus die Heidelberger Schulstudie (2004), in der 48 % aller Teilnehmerinnen (ebenfalls aus der Klasse 9) mit einem normalen Körpergewicht und 15 % der Untergewichtigen angaben, sich nach einer schlankeren oder sogar wesentlich schlankeren Figur zu sehnen (vgl. Wunderer 2015, S. 59; Herpertz et al. 2008, S. 10).

Aber auch viele Frauen im jungen Erwachsenenalter nehmen sich im Vergleich zu ihrem Körperideal als zu dick oder sogar als übergewichtig wahr, obwohl dies aus biologischer bzw. gesundheitlicher Sicht keinesfalls zutrifft (vgl. Daszkowski 2003, S. 7; Universität Bielefeld 2012). Besonders interessant erweisen sich in diesem Zusammenhang die Schlussfolgerungen von Daszkowski (2003). In ihrer Untersuchung erkannten die befragten jungen Frauen zwar, dass sie aus medizinischer Sicht ein gesundes Körpergewicht aufwiesen (denn ihre Einschätzung darüber, wie ihr Gewicht von anderen wahrgenommen wird, stimmte weitestgehend mit ihrem tatsächlichen Körpergewicht überein), dennoch nahmen sich die Frauen im Vergleich zu ihrem mageren Figurideal als zu füllig wahr (vgl. Daszkowski 2003, S. 219). So möchten etliche Frauen (74 %) eine Idealfigur haben, die im schmalen (45 %) und im sehr schmalen (52 %) Bereich angesiedelt ist und die somit von der Wahrnehmung ihrer eigenen Figur abweicht (vgl. ebd., S. 137, 223, 237). So zeigte auch diese Studie, dass sich das persönliche Ideal der befragten jungen Frauen weitestgehend mit dem gesellschaftlichen weiblichen Körperideal deckt und sich somit nicht an real existierenden Frauenkörpern orientiert (vgl. ebd., S. 255 f.).

Zudem ist darauf hinzuweisen, dass Counts und Adams (1985) sowie Pumariega et al. (1993) in ihren Studien keinen Unterschied in Bezug auf die Körperbreiten- bzw. Gewichtsüberschätzung im Vergleich zu dem persönlichen Figurideal zwischen essgestörten und „normalen" Frauen ermitteln konnten. Auch in der Untersuchung von Fernández et al. (1994) wollten alle Bulimikerinnen sowie auch alle Teilnehmerinnen der Kontrollgruppe dünner sein (vgl. ebd., S. 43).

Insgesamt deuten die Ergebnisse einerseits daraufhin, dass das Körperideal ein stabileres Konstrukt als die Körperwahrnehmung selbst darstellt. Dies bestätigen auch Untersuchungen, die zeigen, dass auch, wenn das Körperbild an sich ein sehr dynamisches über Zeit und Situation veränderbares Konstrukt darstellt (s. Kapitel 3.2), das persönliche Körperideal im Vergleich zu anderen Aspekten des Körperbildes eine größere Stabilität aufweist (vgl. Mohr 2010, S. 111 f.).

Anderseits verdeutlichen diese Ergebnisse, dass die Überschätzung und Unsicherheit bezüglich der eigenen Körperdimensionen auf keinem sensorischen Defizit basieren (s. Kapitel 5.1), sondern durch ein dysfunktionales Informationsverarbeitungsmuster erklärt werden können (vgl. Mohr 2010, S. 111; Vocks/ Legenbauer 2005, S. 15). So werden die sensorischen Informationen, wie deutlich wurde, immer durch die nicht-sensorischen Informationen beeinflusst (s. Kapitel 3.1, 3.2) (vgl. Zimmer 2003; Mohr 2010, S. 25). Dass die sensorische Wahrnehmung in der Regel nicht beeinträchtigt ist, wird zudem dadurch offensichtlich, dass festgestellt wurde, dass bei der Beurteilung neutraler Objekte im Gegensatz zur Beurteilung des eigenen Körpers keine Fehleinschätzung bzw. Überschätzung stattfindet (vgl. Vocks/ Legenbauer 2005, S. 15).

Das durch die Sinnesorgane korrekt wahrgenommene Bild des eigenen Körpers wird also auf der **kognitiven Ebene** des Körperbildes durch den internen Vergleich, bei dem wir die Diskrepanz zwischen unserem subjektiv wahrgenommenen Erscheinungsbild (perzeptive Komponente) und unserem persönlichen Körperideal (kognitive Komponente) einschätzen, verzerrt, so dass daraus letztlich eine fehlerhafte Körperwahrnehmung resultiert (s. Kapitel 3.2) (vgl. Mohr 2010, S. 25).

Da in diesem Buch mehrfach deutlich wurde, dass die mentale Konstruktion davon, wie unser Körper im Idealfall aussehen sollte, auch durch gesamtgesellschaftliche, kulturelle und nicht zuletzt durch medial kommunizierte Erwartungen geprägt wird, ist es nachvollziehbar, dass sich heute viele junge Frauen an dem gesellschaftlichen Schlankheitsideal orientieren und sich dementsprechend im Vergleich zu ihrem Ideal als zu korpulent empfinden, ihre Figur also in negativer Weise wahrnehmen und ihren Körper aufgrund dessen in Abhebung von den realen Tatsachen negativ bewerten.

Da das gesellschaftliche Schönheitsideal eine extrem schlanke Silhouette fordert und somit insbesondere nicht mit der spezifisch weiblichen Fettverteilung wirklich existierender Frauenkörper übereinstimmt (s. Kapitel 2.1), wundert es nicht, dass junge Frauen vor allem die typisch weiblichen Fettdepots an Bauch, Po und Beinen bzw. Oberschenkeln negativ bewerten (vgl. Daszkowksi 2003, S. 34, 142, 221; Unilever 2015). Je stärker eine Körperregion also von dem gesellschaftlichen Schlankheitsideal abweicht, desto negativer wird diese bewertet (vgl. Daszkowski 2003, S. 232). Folglich liegt bei den Probandinnen – durch den Aufwärtsvergleich mit dem gesellschaftlichen Körper- bzw. Schlankheitsideal – eine negativ gerichtete, verzerrte Selbstwahrnehmung vor (vgl. ebd., S. 218).

Dieses dysfunktionale Informationsverarbeitungsmuster beinhaltet auch das äußere Erscheinungsbild betreffende negative Kognitionen, die in Grundannahmen und automatische Gedanken untergliedert werden können. Bei den Grundannahmen handelt es sich – wie bereits beschrieben – um Einstellungen, die durch vielfältige und vor allem körperbezogene Erfahrungen entstanden sind (s. Kapitel 3.1, 3.2). Aus diesen Grundannahmen gehen dann wiederum die automatischen, d. h. unbewusst stattfindenden Gedanken hervor, die in bestimmten körperrelevanten Kontexten aktiviert werden (vgl. Vocks/ Legenbauer 2005, S. 16). So könnte eine Frau, die unter einer Körperbildstörung leidet, bspw. von der Grundannahme ausgehen, dass sie nur liebens- und bewundernswert sei, wenn sie in jeder Hinsicht nach Perfektion strebt und dem gesellschaftlichen Schlankheitsideal gerecht wird. Des Weiteren könnte dann z. B. eine situative sexuelle Zurückweisung durch ihren Partner den automatischen Gedanken auslösen, dass er sie nicht attraktiv findet, weil sie dem Schlankheitsideal nicht entspricht (vgl. ebd., S. 15). So wird in extremen Fällen der Körperbildstörung – aufgrund des internalisierten funktionellen Wertes des gesellschaftlichen Schönheitsideals und der damit einhergehenden Überbewertung des äußeren Erscheinungsbildes – jede Zurückweisung, jede negative Reaktion, aber auch gegenteilig jeder Erfolg (z. B. beruflicher Art) und jede Zuwendung (z. B. seitens der Eltern) in erster Linie oder ausschließlich auf das äußere Erscheinungsbild bezogen (vgl. Brunhoeber 2009, S. 19; Menninghaus 2007). So sehen die Betroffenen häufig jeglichen Misserfolg in ihrem Unvermögen, ihren eigenen Ansprüchen an ihr körperliches Erscheinungsbild zu genügen, begründet (vgl. Mennighaus 2007).

Da der automatische Gedanke einer Betroffenen (z. B. sie sei zu füllig, um ihrem Partner zu gefallen) auf der Basis ihrer Grundannahme (z. B. sie sei generell zu dick) überdies impliziert, dass sie von ihrem Partner weniger geliebt wird, wird die erfahrene Zurückweisung schließlich ihre negative Körperbewertung bzw. ihre gewichtsbezogene Sorge dementsprechend verstärken. Sodann kann sich diese Bewertung bzw. Sorge abermals verstärkend auf die Überschätzung ihrer eigenen Körperfülle auswirken (vgl. Vocks/ Legenbauer 2005, S. 15). Diese auf einer kognitiven Verzerrung basierende, ablehnende und geringschätzende Körperbewertung kann zudem nicht nur dazu führen, dass die Betroffenen potenziell positive, körperbezogene Aktivitäten (z. B. den Geschlechtsverkehr) als wenig lustvoll erleben oder sogar vermeiden (s. behaviorale Ebene), sondern kann zudem mit einer selektiven Aufmerksamkeitslenkung auf die negativ wahrgenommenen bzw. bewerteten Aspekte des eigenen Körpers in Verbindung stehen (vgl. Brunhoeber 2009, S. 42; Vocks/ Legenbauer 2005, S. 16).

So kann gerade die relative Nähe zur Perfektion den Blick dafür verstärken, woran es vermeintlich immer noch mangelt. Demnach wird die betroffene Frau bspw. bei dem Blick in den Spiegel nicht ihre schlanken und damit für sie schönen Beine bewundern, sondern ihrer – in Relation zu ihrem imaginären Wunschbild des schlanken Körpers – als zu breit empfundenen Hüfte besonders viel Aufmerksamkeit widmen (vgl. Menninghaus 2007).

Die gedankliche Auseinandersetzung bzw. Beschäftigung mit einem ungeliebten Körperteil kann in extremen Fällen sehr viel Zeit eines Tages einnehmen (vgl. Brunhoeber 2009, S. 20). Auch Mrazek (1986) weist darauf hin, dass durch die Fokussierung bestimmter Körperteile die Wahrscheinlichkeit steigt, Probleme zu finden (vgl. Daszkowski 2003, S. 20). Diese dysfunktionale Fokussierung kann sich daraufhin einerseits erneut negativ auf die Ganzkörperwahrnehmung der Frau (s. perzeptive Komponente) auswirken und andererseits dazu führen, dass Umweltreize, die für die betroffene Frau negativ besetzt sind, ebenfalls selektiv stärker wahrgenommen werden als andere (vgl. Vocks/ Legenbauer 2005, S. 16; Mohr 2010, S. 28). Insbesondere handelt es sich hierbei um Reize, die mit den Aspekten Essen, Figur und Gewicht zu tun haben (vgl. Thies 1998, S. 4; Mohr 2010, S. 28). Hiermit steht zudem der – auf der Unsicherheit bezüglich der eigenen Attraktivität beruhende – ständige, einseitig verzerrende Vergleich mit anderen Personen bezüglich des Gewichts bzw. der Figur in Verbindung (vgl. Vocks/ Legenbauer 2005, S. 17). Bspw. könnte sich eine Betroffene in einer Umgebung befinden, in der etwa gleich viele Frauen mit schmalen und breiten Hüften anwesend sind, und dennoch den Eindruck gewinnen, dass mehr Frauen mit schmalen Hüften zugegen sind. Daraufhin wird sich ihre Annahme verfestigen, dass die meisten anwesenden Frauen dem gesellschaftlichen Ideal von Schönheit näher kommen als sie und ihr eigener Hüftumfang gewissermaßen eine negative Ausnahmeerscheinung darstellt. So wird diese selektive Wahrnehmung der schmalen Hüften abermals bewirken, dass diese Frau ihre eigenen Hüften im Vergleich als umso breiter wahrnimmt und sie dementsprechend negativer bewertet (vgl. Mohr 2010, S. 27). An dieser Stelle weisen wir darauf hin, dass es sich bei den genannten Aspekten nicht nur um mögliche Symptome eines gestörten Körperbildes handelt, sondern dass diese negativen Auffälligkeiten zugleich auch maßgeblich zur Aufrechterhaltung der Körperbildstörung beitragen können (vgl. Vocks/ Legenbauer 2005, S. 22. f.). Letztlich kann dieser Vergleichszwang mit vermeintlich perfekteren Frauen jeden positiven Transfer zwischen dem äußeren Erscheinungsbild und dem Selbstwertgefühl verhindern (vgl. Menninghaus 2007).

So ist die negative Bewertung des eigenen Aussehens für Frauen mit einer Körperbildstörung besonders gravierend, da sie dem Aussehen in der Regel – wie bereits verdeutlicht wurde – eine übermäßig starke Bedeutung beimessen und ihren generellen Selbstwert dementsprechend primär aus den Bereichen Figur und Gewicht beziehen (s. Kapitel 5.1).

Dies ist allerdings – wie bereits mehrfach aufgezeigt wurde – nicht nur ein Problem, das Frauen, die unter einer klinischen Körperbildstörung leiden, betrifft, sondern es stellt ein unter Frauen allgemein weit verbreitetes Phänomen dar. So wundert es nicht, dass die aufgeführten Studienergebnisse bezüglich der jungen Frauen, die nicht an klinischen Körperbildstörungen erkrankt sind, zeigen, dass auch bei diesen die negative Bewertung ihrer Figur und somit der eigenen Attraktivität in einem hochsignifikanten Zusammenhang mit geringen Werten hinsichtlich der Selbsteinschätzung ihres Selbstwertes bzw. ihres Selbstvertrauens steht (vgl. Daszkowski 2003, S. 197 f., 239). Je stärker die Überschätzung der Frauen hinsichtlich ihrer Körperbreiten war, umso negativer war ihre Einstellung zu sich selbst (vgl. ebd., S. 33).

Darüber hinaus wird die Diskrepanz zu dem subjektiven Idealgewicht von den Frauen, die unter einer klinischen Körperbildstörung leiden, als persönliches Versagen wahrgenommen, so dass sich eine negative Bewertung dementsprechend ungünstiger auf die Gefühle und somit auf den Selbstwert auswirkt (s. Kapitel 4.2) (vgl. Vocks/ Legenbauer 2005, S. 16, 22; Brunhoeber 2009, S. 41). Da die Untersuchungsergebnisse aufzeigen, dass viele befragte junge Frauen das gesellschaftliche Körperideal als persönliches Ziel internalisiert haben (s. eben), ist zu vermuten, dass sie auch die Annahme internalisiert haben, ihren Körper dahingehend manipulieren zu können, und sie somit die von ihnen konstatierte Diskrepanz zu ihrem subjektiven Ideal auch als persönliches Versagen wahrnehmen (s. Kapitel 4.2).

Die kognitive Ebene ist eng mit der **affektiven Komponente** des Körperbildes verbunden, die die emotionalen Auswirkungen eines negativen bzw. gestörten Körperbildes umfasst. So zeigen die Betroffenen bei der Konfrontation mit dem eigenen Körper oder auch anderen vermeintlich schöneren Körpern sowie im Kontext körperbezogener Situationen ein höheres Ausmaß an negativen Emotionen als Frauen mit einem störungsfreien Körperbild (vgl. Vocks/ Legenbauer 2005, S. 16). Die negativen Gefühle bezüglich des eigenen Körpers äußern sich hier bspw. als übermäßige Unzufriedenheit, Anspannung, Traurigkeit, Ekel, Scham und Unsicherheit und können in intensiven Schuldgefühlen und/oder der übersteigerten Sorge bezüglich des eigenen Erscheinungsbildes bzw. in der panischen Angst vor einer möglichen Gewichtszunahme münden (vgl. Vocks/ Legenbauer 2005, S. 16; Stahr et al. 2003, S. 41; Daszkowski 2003, S. 22; Brunhoeber 2009, S. 45). In extremen Fällen können diese negativen Gefühle sogar starke Depressionen auslösen, die mit suizidalen Gedanken oder sogar Suizidversuchen einhergehen können (vgl. Brunhoeber 2009, S. 41, 44).

Die Studie „Health Behaviour in School-aged Children" (HBSC), die seit dreißig Jahren regelmäßig in 39 Ländern und Regionen Europas und Nordamerikas durchgeführt wird und das Gesundheitsverhalten von SchülerInnen der Sekundarstufe I untersucht, konnte 2009/2010 belegen, dass deutsche Kinder und Jugendliche im internationalen Vergleich die größte Unzufriedenheit und Sorge bezüglich ihrer eigenen Figur zeigen (vgl. Universität Bielefeld 2012). So ergab die Studie, dass auch ca. 62 % der scheinbar „gesunden" deutschen jugendlichen Frauen und 52 % der jungen Männer unzufrieden mit ihrer Figur sind (vgl. HBSC-Team Deutschland 2011). Demnach bestätigen sich in dieser Studie die Ergebnisse zahlreicher vorangegangener Studien, die feststellten, dass – auch wenn das männliche Geschlecht zunehmend unter Körperbildproblemen leidet – spätestens nach Beginn der Pubertät immer noch mehrheitlich Mädchen und Frauen von der Sorge um ihr Gewicht und von körperlicher Unzufriedenheit betroffen sind (vgl. HBSC-Team Deutschland 2011; Herpertz et al. 2008, S. 10; Daszkowski 2003, S. 44). Dies scheint aufgrund der bisher in diesem Buch gewonnenen Erkenntnisse verständlich. Denn Frauen neigen –

mehr als Männer – dazu, sich besonders am gesellschaftlichen Schönheitsideal zu orientieren oder gar abhängig davon zu werden (s. Kapitel 1.2, 3.3, 4.2). Vor diesem Hintergrund erscheint es als ebenso folgerichtig, dass bspw. die Untersuchung von Kluge et al. (1999) bekräftigt, dass generell deutlich mehr Frauen als Männer unter den gesellschaftlichen Ansprüchen an die körperliche Schönheit leiden (vgl. Kluge et al. 1999, S. 103 f., 108). In dieser Studie geben ein Drittel der jungen Frauen im Alter von 14 bis 19 Jahren und ca. 40 % der Frauen im Alter von 20 bis 29 Jahren an, an den gesellschaftlichen Ansprüchen an das äußere Erscheinungsbild und dem dadurch erlebten Druck zu leiden. Mit knapp 40 % waren die Frauen im jungen Erwachsenenalter die Altersgruppe, die am meisten unter dem Druck der Gesellschaft sowie ihrer damit im Zusammenhang stehenden Körperunzufriedenheit litten (vgl. ebd., S. 70). Dies scheint vor dem Hintergrund verständlich, dass sich länderübergreifend beobachten lässt, dass sich diese auf den Körper bezogene Unzufriedenheit nach der Adoleszenz im jungen Erwachsenenalter – teilweise auch durch erste altersbedingte körperliche Veränderungen – noch verstärken oder sogar erst manifestieren kann und viele Frauen erst im mittleren Erwachsenenalter mit der Annäherung an ihre Lebensziele (z. B. Mutterschaft, Karriere, Eheschließung) beginnen, ihren Selbstwert weniger aus körperbezogenen Variablen zu beziehen (s. Kapitel 3.2, 4.2) (vgl. Universität Bielefeld 2012; Herpertz et al. 2008, S. 11; Brunhoeber 2009, S. 25; Posch 1999, S. 79).

Dementsprechend wundert es nicht, dass auch die Studienergebnisse von Cash et al. (1986) zeigen, dass besonders junge Frauen bis Ende 20 (93 %) von körperlicher Unzufriedenheit bzw. der Sorge um ihre Figur betroffen sind (vgl. Daszkowski 2003, S. 33). Diese Unzufriedenheit und Sorge betreffen im Hinblick auf die bisherigen Ergebnisse nachvollziehbarerweise vor allem das Körpergewicht (vgl. Vocks/Legenbauer 2005. S. 13 f). Und auch in Daszkowskis (2003) Studie waren 91 % der befragten jungen Frauen unzufrieden mit ihrer Figur, wobei auch hier die Körperbreite bzw. das Gewicht ausschlaggebend für die Befangenheit der Frauen war (vgl. Daszkowski 2003, S. 139, 228). Wirkt sich die Annahme der jungen Frauen, zu dick zu sein, bereits auch auf die affektive Ebene des Körperbildes aus, steigt die Gefahr, eine klinisch relevante Körperbildstörung zu entwickeln (vgl. ebd.,

S. 237). Somit müssen die vorangegangenen Ergebnisse mit besonderer Sorge betrachtet werden.

Die jeweiligen Veränderungen auf der perzeptiven, kognitiven und affektiven Ebene können schließlich auch die **behaviorale Ebene** des Körperbildes beeinflussen. So zeigen Betroffene einer klinischen Körperbildstörung oft dysfunktionale Verhaltensweisen, die es ihnen ermöglichen, die aus den wahrnehmungs- und einstellungsbezogenen Einschätzungen des eigenen Körpers resultierenden Emotionen zunächst kurzfristig zu regulieren (vgl. Vocks/ Legenbauer 2005, S. 16, 22). Solch längerfristig jedoch schädigendes körperbezogenes Verhalten kann in Vermeidungs- und Kontrollverhalten untergliedert werden, das häufig mit der Vernachlässigung positiver körperbezogener Aktivitäten einhergeht (vgl. ebd., S. 16). Das körperbezogene Vermeidungsverhalten kann sich darin äußern, dass die Betroffenen aus der belastenden Angst heraus, nicht perfekt genug auszusehen, Situationen, Tätigkeiten oder Orten aus dem Weg gehen, in denen sie mit ihrem Körper konfrontiert werden oder andere Menschen ihren Körper betrachten können (z. B. das Vermeiden von Schwimmbadbesuchen oder vom Tragen körperbetonter Kleidung) (vgl. Vocks/ Legenbauer 2005, S. 16, f.; Brunhoeber 2009, S. 21). So ist bei den Betroffenen nicht nur das eigene Selbstwertgefühl stark an ihr Aussehen gebunden, sondern es werden aus der Angst vor den Reaktionen anderer Menschen auch oftmals subjektiv wichtige Entscheidungen abhängig von der aktuellen Wahrnehmung des äußeren Erscheinungsbildes getroffen („So dick, wie ich bin, kann ich mich unmöglich auf der Party blicken lassen" oder „Wenn ich mich meinem Partner, so wie ich jetzt aussehe, nackt zeige, wird er mich abstoßend finden") (s. kognitive und affektive Ebene) (vgl. Brunhoeber 2009, S. 19, 35, 42). Auch dieses Phänomen lässt sich ebenso bei scheinbar „gesunden" Frauen feststellen. So zeigen Studienergebnisse, dass weltweit 72 % der jungen Frauen im Alter von 15 bis 17 Jahren gewisse Aktivitäten vermeiden, wenn sie mit ihrem äußeren Erscheinungsbild unzufrieden sind (vgl. Unilever 2015). Vor allem in Zeiten, in denen sich die Frauen als besonders hässlich bzw. dick bewerten, kann es aufgrund ihres zunehmenden Vermeidungsverhaltens zu vermehrten Schwierigkeiten in Partnerschaften und Freundschaften oder zu Beeinträchtigungen in anderen wichtigen Lebensbereichen wie bspw. in der Ausbildung oder dem Beruf kommen (vgl. Brunhoeber

2009, S. 35, 41 ff.). In diesem Kontext konnten Hesse-Biber et. al. (1988) in ihrer Untersuchung ebenfalls einen Zusammenhang zwischen der Unzufriedenheit mit der eigenen Figur und einem problematischen Alltagserleben von Frauen, die nicht unter einer klinisch relevanten Körperbildstörung litten, nachweisen. Je weniger attraktiv sich die Frauen in dieser Studie wahrnahmen, desto stärker fühlten sie sich in akademischer Hinsicht sowie in ihren sozialen Beziehungen bzw. Aktivitäten eingeschränkt (vgl. Daszkowski 2003, S. 240).

So können diese dysfunktionalen Vermeidungsstrategien zu einer zunehmenden sozialen Isolation führen, da die betroffenen Frauen sich im Rahmen ihres körperbezogenen Vermeidungsverhaltens in vermehrtem Maße aus sozialen Beziehungen bzw. Aktivitäten zurückziehen (vgl. Stahr et al. 2003, S. 43; Vocks/ Legenbauer 2005, S. 16, 23). Problematischerweise kann auch das Vermeidungsverhalten selbst das negative Körperbild noch verstärken, da diese Vermeidungsstrategien gleichzeitig verhindern, dass diese Frauen korrigierende Erfahrungen machen können, bei denen sie feststellen würden, dass ihre Befürchtungen unbegründet sind (vgl. Stahr et al. 2003, S. 43; Vocks/ Legenbauer 2005, S. 16, 23; Brunhoeber 2009, S. 75).

Ein anderes im Rahmen einer klinischen Körperbildstörung typisches Verhaltensmuster ist das bereits erwähnte permanente Kontrollieren des eigenen Körpers (vgl. Vocks/ Legenbauer 2005, S. 17). Da die Betroffenen – wie bereits erwähnt – ihrem Aussehen in der Regel eine übermäßig starke Bedeutung beimessen, sehen viele Frauen, die unter einer klinischen Körperbildstörung leiden, in der Verbesserung oder Manipulation des eigenen Aussehens ihre einzige Möglichkeit, sich besser zu fühlen bzw. ihr niedriges Selbstwertgefühl aufzubauen (vgl. Brunhoeber 2009, S. 41).

So wenden die erkrankten Frauen zum Teil viel Zeit dafür auf, bspw. in Zeitschriften, im Internet oder in Büchern Informationen über Möglichkeiten der Verschönerung bzw. Verbesserung ihrer Figur zu suchen (z. B. in Form von Diät- oder Trainingsanleitungen) (vgl. ebd., S. 21, 33). Hier weisen wir darauf hin, dass diese zeitraubende Strategie die betroffenen Frauen vermutlich erneut in ihrer Annahme bestärkt, dass ihr Körper beliebig kontrollier- und manipulierbar ist.

Zudem können sich die dysfunktionalen Verhaltensweisen unter anderem in einer ausgeprägten Nahrungskontrolle äußern. Neben den für das Krankheitsbild der Bulimia nervosa typischen, einer Gewichtszunahme entgegensteuernden Maßnahmen wie das selbst induzierte Erbrechen oder aber auch der Missbrauch von Medikamenten (s. Kapitel 5.1) führen viele Frauen, die an einer klinischen Körperbildstörung erkrankt sind, wiederkehrende Diäten durch, bei denen sie bspw. berechnen, wie viele Kalorien sie zu sich nehmen dürfen bzw. bei denen hochkalorische Lebensmittel gemieden werden und/ oder sie legen gar Fastentage ein, um ihr Körpergewicht zu reduzieren oder zumindest halten zu können (vgl. DHS 2012, S. 11 f.).

In diesem Zusammenhang konnte in der Potsdamer Studie (2009) belegt werden, dass ein Drittel der befragten „gesunden" Mädchen bereits im Alter von 11,5 Jahren Erfahrungen mit Diäten gesammelt haben (vgl. Wunderer 2015, S. 59). Problematischerweise steigt mit der Anzahl der durchgeführten Diäten die Wahrscheinlichkeit, eine klinische Körperbildstörung zu entwickeln (vgl. Daszkowski 2003, S. 54; Wunderer 2015, S. 74 f.). So konnte festgestellt werden, dass gezügelte Esser im Vergleich zu normal Essenden mit der Zeit eine zunehmend unsichere bzw. negativere Körperwahrnehmung ausbilden (vgl. Daszkowksi 2003, S. 41). Zudem bringt eine Nahrungsreduktion eine gesteigerte gedankliche Beschäftigung mit dem Thema Essen mit sich, die sogar zum zentralen Lebensinhalt aufsteigen kann und auch noch lange Zeit, nachdem der Körper physiologisch wieder hergestellt ist, nachwirkt (vgl. Daszkowski 2003, S. 54; Wunderer 2015, S. 75). So weisen wir an dieser Stelle auf das Experiment von Keys et al. (1950) hin, das aufzeigt, dass die zuvor psychisch gesunden Teilnehmer nach einer mehrmonatigen Reduktionsdiät depressiv wurden, sich übermäßig mit dem Thema Essen beschäftigten sowie typische Symptome klinischer Essstörungen aufwiesen (vgl. Wunderer 2015, S. 75). Vor diesem Hintergrund wird verständlich, warum sich bei 28,9 % der Mädchen und jungen Frauen zwischen 11 und 17 Jahren bereits mindestens zwei Kernsymptome klinisch relevanter Körperbild- bzw. Essstörungen (s. Anhang 2.2, 2.3) zeigen (vgl. Wunderer 2015, S. 59).

Dies bestätigt auch eine epidemiologische Untersuchung im angloamerikanischen Sprachraum von Ricciardelli und McCabe (2001), die feststellte, dass 20 bis 49 % der weiblichen Jugendlichen Mahlzeiten auslassen, bis zu 17 % Diätpillen einnehmen, 2 % Laxantien missbrauchen und bis zu 8,3 % selbst induziertes Erbrechen herbeiführen (vgl.

Herpertz et al. 2008, S. 9). Dementsprechend wird deutlich, dass die dysfunktionale Körperdisziplinierung in einem engen Zusammenhang mit der Entstehung klinisch relevanter Essstörungen steht (Daszkowski 2003, S. 41).

Überdies kommt es im Zuge des Kontrollverhaltens häufig zu einer exzessiven sportlichen Betätigung (vgl. DHS 2012, S. 11 f.). Aber auch bei dieser potenziell positiven körperbezogenen Aktivität stehen für die jungen Frauen vor allem leistungsbezogene Motive wie bspw. das Verbrennen von Kalorien im Vordergrund (vgl. Vocks/ Legenbauer 2005, S. 18).

So bestätigt eine Untersuchung von McDonald und Thompson (1992), dass für viele Frauen vor allem die Kontrolle über das Gewicht die ausschlaggebende Motivation für sportliche Aktivitäten darstellt. Nach der epidemiologischen Untersuchung im angloamerikanischen Sprachraum von Ricciardelli und McCabe (2001) treiben sogar 51-71 % der jungen Frauen vor dem Hintergrund einer Gewichtsreduktion Sport (vgl. Herpertz et al. 2008, S. 9). Auch hier ist darauf hinzuweisen, dass das Ziel, durch sportliche Aktivitäten sein äußeres Erscheinungsbild zu verbessern, mit der Entwicklung einer klinisch relevanten Körperbildstörung in Verbindung steht (vgl. Daszkowski 2003, S. 40; Herpertz et al. 2008, S. 9).

Frauen, die an einer klinischen Körperbildstörung erkrankt sind, überprüfen darüber hinaus im Zuge ihres Kontrollverhaltens häufig, ob eine Gewichtszu- oder abnahme stattgefunden hat (vgl. Vocks/ Legenbauer 2005, S. 17). Hier sind Verhaltensweisen wie die kritische Selbstbeobachtung im Spiegel, das Erstellen von Fotos und Videos der eigenen Figur, das Abmessen von bestimmten Körperteilen mit dem Maßband sowie das ritualisierte Sich-Wiegen zu nennen (vgl. Stahr et al. 2003, S. 41; Vocks/ Legenbauer 2005, S. 17; Brunhoeber 2009, S. 21).

Interessante Ergebnisse liefert in diesem Kontext bspw. die Studie von Kluge et al. (1999). So führen sie in ihrer Studie auf, dass sich 19 % der Frauen mindestens einmal pro Tag und 53 % zumindest einmal pro Woche wiegen (vgl. Kluge et al. 1999, S. 98). Dabei rücken Wohlbefinden und Gesundheit in den Hintergrund, denn nur die Gewichtsangabe auf der Waage zählt (vgl. Daszkowski 2003, S. 54). Auch Odgen und Evans (1996) verweisen mit ihrer Untersuchung, in der sie aufzeigen konnten, dass sich die Gewichtsangabe massiv auf die Stimmungslage der befragten Frauen auswirken kann, auf die „Macht der Waage" (vgl. ebd., S. 39).

Insgesamt führt die Gewichts- und Nahrungskontrolle, die primär durch die Unzufriedenheit mit dem eigenen Erscheinungsbild bzw. durch die Angst vor einer Gewichtszunahme motiviert ist, nicht zu einer Überwindung, sondern nur zu einer kurzfristigen Reduktion dieser negativen Gefühle. Und letztlich können diese negativen Emotionen durch die ständige Kontrolle sogar noch verstärkt werden (vgl. Vocks et al. 2006, S. 286; Vocks/ Legenbauer 2005, S. 23). So verfestigt diese kurzfristige Verbesserung einerseits die Überzeugung, dass das eigene Aussehen tatsächlich einen entscheidenden Einfluss auf die eigene Befindlichkeit hat (vgl. Brunhoeber 2009, S. 75). Und anderseits wird jeder Erfolg der Schönheitsarbeit schnell durch die negative Erkenntnis dessen, woran es im Vergleich mit dem persönlichen Körperideal immer noch fehlt, entwertet. Da jeder vermeintliche Mangel – aufgrund der Objektivierung – des scheinbar beliebig kontrollier- und manipulierbaren Körpers als persönliches Versagen wahrgenommen wird, wird auch hier jeder positive Transfer zwischen Aussehen und Selbstwertgefühl verhindert (s. eben) (vgl. Menninghaus 2007). In diesem Zusammenhang ist erneut auf den negativen Effekt der selektiven Aufmerksamkeit hinzuweisen. Dieser kann – wie schon deutlich wurde – dazu führen, dass die vermeintlichen Mängel des Körpers überbewertet werden (s. eben). In schweren Fällen kann das Bedürfnis nach weiteren Möglichkeiten zur Veränderung der Figur so groß werden, dass die Betroffenen den Wunsch nach chirurgischen Operationen und kosmetischen Eingriffen entwickeln und diese in extremen Fällen auch durchführen lassen (vgl. Brunhoeber 2009, S. 25, 34, 38).

Insgesamt kann die Gewichts- und Nahrungskontrolle nicht nur zu einer dauerhaften Vernachlässigung der tatsächlichen körperlichen Bedürfnisse führen, sondern auch dazu beitragen, dass diese physiologischen Bedürfnisse auf Dauer nicht mehr richtig wahrgenommen werden können (vgl. Vocks/ Legenbauer 2005, S. 23; Mohr 2010, S. 7).

Darüber hinaus kann die körperbezogene Unsicherheit in dem wiederholten Einholen von Rückversicherungen durch andere Personen münden (vgl. Vocks/ Legenbauer 2005, S. 23). So wird bspw. der Partner immer wieder gefragt, ob eine Gewichtszunahme stattgefunden hat (vgl. ebd., S. 17). Dies kann eine Abhängigkeit von den kurzfristig beruhigenden Äußerungen anderer Personen mit sich bringen, die letztlich bewirken kann, dass die Betroffene sich zunehmend weniger auf ihre subjektive Wahrnehmung verlassen kann (vgl. ebd., S. 23).

Letztlich können die hier aufgeführten Ergebnisse zu großen Teilen als auf der Schnittstelle zwischen einem noch unauffälligen und einem auffälligen Körperbild liegend interpretiert werden. Da allerdings schwer feststellbar ist, ob es sich hierbei um Frauen handelt, bei denen das Körpererleben schon über ein scheinbar noch „normales Maß" hinaus beeinträchtigt ist, kann hier keine klare Aussage darüber getroffen werden, ob es sich bei den Körperbildproblemen der jungen Frauen tatsächlich bereits um subklinisch zu nennende Körperbildstörungen handelt.

Da aber deutlich wurde, dass die Übergänge zwischen der Körperunzufriedenheit, den subklinischen und den klinischen Körperbildstörungen fließend sind – die sogenannte Normalität also oft nicht weit von den als pathologisch eingestuften Extremen entfernt ist – und die Ergebnisse aufzeigen, dass bei vielen Frauen mit einer vorliegenden Körperunzufriedenheit zumindest die Tendenz dazu besteht, eine subklinische oder gar eine klinische Störung zu entwickeln, welche beide eine ernstzunehmende Gefahr für die physische und psychische Gesundheit junger Frauen darstellen, müssen die dargelegten Studienergebnisse mit Sorge betrachtet werden. Daher werden wir in dem weiteren Verlauf dieses Buches auch die bedenkliche Körperunzufriedenheit in unsere Überlegungen miteinbeziehen.

Denn es wurde einerseits nachvollziehbar, dass Körperbildbeeinträchtigungen dazu führen können, dass es den betroffenen Frauen zunehmend schwerer fällt, ihren Körper als Quelle angenehmer oder schöner Erfahrungen wahrzunehmen (vgl. ebd.). Andererseits wurde verständlich, dass die negative gedankliche Beschäftigung mit dem eigenen Aussehen, die negativen Körpergefühle sowie die verschiedenen und individuell variierenden dysfunktionalen Verhaltensweisen das meist schon bestehende niedrige Selbstwertgefühl tendenziell noch verstärken und es in Abhängigkeit vom Schweregrad des Körperbildproblems zu erheblichen Einschränkungen in der Lebensführung der betroffenen Frauen kommen kann (vgl. Brunhoeber 2009, S. 41).

5.3 Zwischenfazit: Beantwortung der Leitfragestellung

Im Hinblick auf unsere Leitfragestellung („Inwieweit wirkt sich das gesellschaftliche, medial flächendeckend verbreitete Körperideal auf das subjektive Körperbild junger Frauen aus?") bestätigen die eben aufgeführten besorgniserregenden Studienergebnisse unsere vorausgegangene Annahme, die wir auf der Basis der von uns zusammengetragenen Informationen entwickelt haben. So internalisiert heute ein großer Anteil der jungen Frauen (in der Adoleszenz sowie im jungen Erwachsenenalter) das nahezu unerreichbare gesellschaftliche und medial verbreitete weibliche Körperideal. Problematischerweise stellt insbesondere dieses verinnerlichte, überhöhte Schlankheitsideal ein vergleichsweise stabiles Konstrukt innerhalb des Körperbildes dar und wirkt sich infolgedessen in einer schädigenden Weise auf die verschiedenen Körperbildebenen des subjektiven Körperbildes junger Frauen sowie häufig auch auf ihren Selbstwert aus. So ist das internalisierte gesellschaftliche Körperideal maßgeblich für die Entstehung und auch für die Aufrechterhaltung der zunehmenden Körperbildprobleme junger Frauen verantwortlich. In diesem Zusammenhang kann regelrecht von einer „normativen Unzufriedenheit" und „Massenfrustration" unter jungen Frauen gesprochen werden. Es zeigt sich also, dass auch viele Mädchen und Frauen ohne klinische Störungsbilder bereits Körperbildprobleme aufweisen. Sie nehmen ihren Körper als zu dick wahr, sind also mit ihrem Aussehen unzufrieden und entwickeln daraufhin häufig weitere Auffälligkeiten, die in vielen Fällen zumindest als subklinisch bewertet werden müssten.

Daher werden wir noch einmal zusammenfassend darlegen, inwieweit das heutige weibliche Körperideal – unter Berücksichtigung der gesellschaftlichen Rahmenbedingungen und der medialen Suggestion – zu der zunehmenden Entstehung von Körperbildproblemen bei jungen Frauen maßgeblich beiträgt.

Es wurde deutlich, dass die Individualisierungs- und Pluralisierungsprozesse in den westlichen Industrieländern dazu beitragen, dass auf gesellschaftlicher Ebene das perfektionierte, nach außen adressierte Bild – letztlich zu Ungunsten der individuellen Identität – in den Vordergrund rückt. Gerade unser Körper eignet sich besonders gut, als Vermittler zwischen unserem Selbst und unserer Umwelt zu fungieren, und ist daher dazu prädestiniert, dieses perfektionierte Bild nach außen zu transportieren. So wird der Körper in der Öffentlichkeit im Zuge des gesellschaftlichen Bedeutungswandels nicht mehr nur als Arbeitswerkzeug, sondern vorzugsweise als Instrument zum Ausdruck des persönlichen Images genutzt. Aufgrund der kulturhistorischen Entwicklung ist heute der sehr schlanke Körper sowie die daran gekoppelte Körperdisziplinierung (die öffentlich angesichts des enormen Nahrungsüberflusses aus meist interessegeleiteten Gründen gerne ausschließlich als gesundheitsfördernd dargestellt wird) in unserer konsumorientierten Wohlstandsgesellschaft zur wünschenswerten Idealnorm geworden. Als Sinnbild für Stärke, Willenskraft und Disziplin ist die Schlankheit zu einer generellen Bewertungsgrundlage geworden, an der der Wert einer Person geradezu automatisiert gemessen wird, und sie verspricht subjektives Glücklichsein und Erfolg im beruflichen wie auch privaten Bereich.

Allerdings ist diese geforderte, biologisch fragwürdige Schlankheit für den allergrößten Teil der weiblichen Bevölkerung – wenn überhaupt – nur durch strikte, oft gesundheitsschädliche Körperkontrolle in Form von Diäten oder Fitnesstraining zu erreichen. Sozialisationsbedingt wird diese Körperdisziplinierung immer noch in erster Linie vom weiblichen Geschlecht erwartet und aufgrund einer langen kulturhistorischen Tradition von diesem auch – zumindest versuchsweise – erbracht. Darüber hinaus führt in der heutigen Zeit für viele Frauen der Versuch, die weiteren an sie gerichteten und teilweise miteinander unvereinbaren gesellschaftlichen Anforderungen dennoch koordinierend zu erfüllen, zwangsläufig zur Überforderung, die es besonders jungen Frauen erschwert, eine stabile Identität zu entwickeln. Dem Schlankheitsideal in einer solchen Überforderungssituation trotz allem zu entsprechen, vermittelt nach außen den Eindruck erfolgreicher und souveräner Bewältigung dieser in Wahrheit letztlich oft unerfüllbaren Erwartungen.

Auf diese verstörenden Unsicherheiten der Frauen in unserer Gesellschaft reagieren die heute flächendeckend präsenten Medien unter anderem durch die besondere Aufmerksamkeit, die sie dem weiblichen Körper zukommen lassen. So wird durch die Medien, die sich ganz bewusst an die werbeempfängliche Zielgruppe junger Menschen richten, das gesellschaftlich geforderte, als erstrebenswert dargestellte und oft mit Hilfe manipulativer Techniken perfektionierte Schlankheitsideal konstant verbreitet. Auf diese Weise wird auf medialem Weg nicht nur fortlaufend an das geltende, extrem schlanke Figurideal mit seinem funktionellen Wert erinnert und ständig bei jungen Frauen ein oft unbewusster Aufwärtsvergleich mit den vermeintlich perfekt proportionierten Mediendarstellerinnen provoziert, sondern es wird auch unweigerlich ein rigider Bewertungsmaßstab für die körperliche Attraktivität geschaffen. So wird die Verinnerlichung des gesellschaftlich normierten extremen Schlankheitsideals bei jungen Frauen medial systematisch angeregt und gefördert.

Obwohl der Körper selbstverständlich nur im Rahmen der biologischen Möglichkeiten beeinflusst werden kann, wird medial zudem kontinuierlich der Eindruck erweckt, dass der Körper ein beliebig manipulier- und kontrollierbares Objekt ist, das im Sinne der Selbstinszenierung in Richtung dieses schlanken Schönheitsideals optimiert werden kann und auch unbedingt optimiert werden sollte.

Neben der medialen Wirkung spielen bei der Internalisierung des Schönheitsideals allerdings auch weitere Faktoren eine Rolle. So trägt zum einen der von Familie, Peers und Partnern oft vermittelte Druck, schlank sein zu müssen, zur Internalisierung des Körperideals bei. Da diese Personengruppen aus dem sozialen Umfeld der jungen Frauen allerdings auch Bestandteil eines umfassenden gesellschaftlichen Gefüges sind, werden auch ihre Vorstellungen von Schönheit und Attraktivität durch gesamtgesellschaftliche Prozesse, die wiederum in längerfristige historische Entwicklungen eingegliedert sind, verändert und geprägt. Auf diese Weise wirken gesellschaftliche Ideologien und Leitbilder auch indirekt, nämlich über die Interaktion in Familien, Partnerschaften und Freundschaften, auf die Vorstellungen junger Frauen ein.

Zum anderen macht vor allem auch ein geringes Selbstbewusstsein junge Frauen besonders anfällig für die Orientierung an gesellschaftlichen und medial transportierten Ideologien und Leitbildern, so auch für das heutige Schönheitsideal.

Dies wird besonders vor dem Hintergrund gut nachvollziehbar, dass die Vervollkommnung des Körperäußeren generell als sinnstiftend und somit als eine Strategie zur Identitätsfindung und -stabilisierung bzw. als Strategie zur Kompensation eines niedrigen Selbstwertgefühls angeboten wird, indem dem scheinbar beliebig formbaren Körper unrealistischerweise lebensverbessernde Qualitäten angedichtet werden. Da viele junge Frauen angesichts entwicklungspsychologischer bzw. -biologischer Faktoren und gesellschaftlicher Bedingungen über ein eher instabiles Selbstwertgefühl bzw. eine noch weniger gefestigte Identität verfügen, sind sie fatalerweise besonders empfänglich für die verlockenden Vorteile, die das Verkörpern des perfektionierten Schönheitsideals angeblich mit sich bringt. Infolgedessen entwickeln viele junge Frauen, für die das äußere Erscheinungsbild aufgrund ihrer lebensthematischen Bezüge zusätzlich in besonderer Weise bedeutsam ist, ein persönliches Körperideal, das sich weitestgehend an dem äußerst fragwürdigen gesellschaftlichen Schlankheitsideal orientiert.

Dass es sich hierbei um eine fehlgeleitete Strategie zur Selbstwerterhöhung bzw. zur Identitätsfindung und -stabilisierung handelt, wird nicht nur dadurch offenbar, dass es für fast jede Frau unmöglich ist, diesem Ideal gerecht zu werden. Es wird vor allem auch daran deutlich, dass der Körper hierbei nicht als Teil des Selbst, sondern als beliebig form- und kontrollierbares Objekt wahrgenommen wird, das einerseits eigenverantwortlich zu optimieren ist, das aber auch andererseits – im Widerspruch zu dieser Objektivierung – gleichzeitig die zentrale Aufgabe übernehmen soll, das Selbst maßgeblich zu stärken und auszudrücken.

Da der Körper also zugleich als Kapital und Werkzeug, aber auch als potentieller Feind betrachtet und instrumentalisiert sowie als zentral verantwortlicher Entscheidungsträger über Erfolg oder Misserfolg betrachtet wird, erhöht sich der Druck, den überhöhten Ansprüchen an den eigenen Körper gerecht zu werden. So führt die Überbewertung des eigenen Erscheinungsbildes bzw. des Images, das der schöne Körper nach außen adressieren soll, dazu, dass das Konto des Selbst tendenziell leer bleibt. Bezogen auf die Identitätsentwicklung junger Frauen bedeutet dies, dass die persönliche, mitunter noch wenig gefestigte Identität überlagert oder ihr sogar widersprochen wird, und dass das Selbstwertgefühl nicht stabilisiert, sondern im Gegenteil eher geschmälert wird. Vor diesem Hintergrund wird auch noch einmal besonders verständlich, dass ein positives Körperbild und die Zufriedenheit mit sich selbst – nicht, wie in unserer Gesellschaft und vor allem auch medial suggeriert wird – ausschließlich durch Investitionen in das äußere Erscheinungsbild erreicht werden können. Da die Schönheitsarbeit am Körper letztendlich nicht ästhetisch motiviert ist, sondern auf dem Bedürfnis nach Anerkennung, Aufmerksamkeit und Wertschätzung beruht, und eine negative Körperbewertung für die Betroffenen impliziert, dass ihnen die Befriedigung dieses Bedürfnisses verwehrt bleibt, entsteht ein Teufelskreis, der besonders schwer zu durchbrechen ist. Folglich kommt für betroffene Frauen erschwerend hinzu, dass ein Eingeständnis vor sich selbst und anderen, den eigenen überhöhten Ansprüchen nicht gerecht werden zu können, und infolgedessen die Schönheitsarbeit aufzugeben oder die empfundenen körperlichen Mängel nicht länger zu verheimlichen, mit einem empfindlichen Image- bzw. Identitätsverlust und entsprechenden Minderwertigkeitsgefühlen einherzugehen droht.

Da dieser Versuch der Identitätsfindung bzw. -stabilisierung also letztlich erfolglos bleiben muss, wundert es nicht, dass die Körperunzufriedenheit so wie die subklinischen und klinischen Körperbildstörungen (d. h. die systematische Abwertung des eigenen Aussehens infolge des Vergleichs mit imaginären Wunschbildern des schlanken Körpers) bei jungen Frauen zugenommen haben. Diese sich ausweitenden Störungen gehen in der Regel mit einer Selbstwertproblematik unterschiedlichen Ausmaßes einher und können abhängig von ihrem Schweregrad sowie von den sozialen und persönlichen Ressourcen auf individueller Ebene zu vielschichtigen, dauerhaften Belastungen und Einschränkungen führen.

Letztlich wird deutlich, dass, auch wenn die subklinischen und klinischen Körperbildstörungen das Ergebnis eines langjährigen Prozesses sind, bei dem die individualpsychologische Entwicklung der Betroffenen eine mitverursachende Rolle spielt und der Problematik somit multifaktorielle Entstehungsbedingungen zugrunde liegen, der Umstand, dass dem äußeren Erscheinungsbild eine unangemessene Bedeutung zugesprochen wird, sowie der Versuch, eine bestehende und oft unbewusste Identitäts- oder Selbstwertproblematik durch die Arbeit am eigenen Körper zu kompensieren, durch die gesellschaftlichen Anforderungen und die mediale Suggestion in nicht zu unterschätzendem Maße gefördert werden.

6. Junge Frauen mit nicht klinischen Körperbildproblemen als Zielgruppe der Sozialen Arbeit

Wie das bisherige Buch aufzeigt, sind viele junge Frauen von Körperunzufriedenheit oder subklinischen Körperbildstörungen betroffen, die häufig zu Beeinträchtigungen und Belastungen in ihrem Leben führen. Im folgenden Kapitel werden wir nun einen Bezug zur Sozialen Arbeit herstellen, indem wir aufzeigen, inwiefern diese Problematik für sie relevant ist. Hierzu werden wir auf die Frage der Zuständigkeit der Sozialen Arbeit, sich dieses Problems anzunehmen und sich für eine Verbesserung einzusetzen, eingehen. Allerdings stellt die Zielgruppe der jungen Frauen, die von Körperbildproblemen betroffen sind, die noch nicht im klinischen Bereich liegen, über die Präventionsarbeit hinaus bislang noch kein eigenständiges Handlungsfeld für die Soziale Arbeit dar. Folglich werden wir die Hintergründe beleuchten, die dazu führen, dass diese Problematik bisher nicht zum Gegenstand eingehender sozialer und gesellschaftlicher Analyse und somit auch nicht zum Handlungsfeld der Sozialen Arbeit geworden ist. Abschließend werden wir Handlungsempfehlungen für die Soziale Arbeit auf gesellschaftlicher sowie auf individueller Ebene aufführen.

6.1 Die Bedeutung der Sozialen Arbeit für Körperbildprobleme

Das Ziel der Sozialen Arbeit ist es, die Lebenslagen von Menschen zu verbessern, indem sie den sozialen Wandel sowohl im Leben der Individuen als auch in der Gesellschaft fördert (vgl. Heiner 2010, S. 101 ff.; DBSH 2009, S. 13; Schilling/ Zeller 2010, S. 208). So ist die Soziale Arbeit auf Problemlösungen und Veränderungen ausgerichtet und bietet – auf der Basis wissenschaftlicher Erkenntnisse – nicht nur dem Individuum Hilfe zur Selbstfindung bzw. Unterstützung bei der Entfaltung und Förderung der eigenen Persönlichkeit an (d. h. Veränderung der Lebensweise durch Verhaltensprävention und -intervention), sondern zielt auch auf die Verbesserung der gesellschaftlichen Bedingungen und Strukturen ab, die zu der Entstehung und Aufrechterhaltung von sozialen Problemlagen beitragen und zumeist außerhalb der individuellen Einflussmöglichkeiten liegen (d. h. Veränderung der Lebensbedingungen durch Verhältnisprävention) (vgl. Schilling/ Zeller 2010, S. 208; DBSH 2009, S. 13; Kalke/ Buth 2009, S. 4). Die Soziale Arbeit verfolgt in ihrem beruflichen Handeln demnach den ganzheitlichen Auftrag, zwischen Individuum und Gesellschaft zu vermitteln, und greift dort ein, wo gesellschaftliche Rahmenbedingungen auf individueller Ebene zum Problem werden (vgl. Heiner 2010, S. 101 ff.; DBSH 2009, S. 13). Genau ein solches Problem stellen auch die zunehmende Körperunzufriedenheit sowie die subklinischen und klinischen Körperbildstörungen junger Frauen dar. Denn diese können weitgehend, wie im Verlauf des bisherigen Buches deutlich wurde, als Reaktion auf gesellschaftliche, insgesamt überfordernde Erwartungen an junge Frauen angesehen werden.

Allerdings muss festgestellt werden, dass im Rahmen der Sozialen Arbeit Körperbildprobleme, die auf subklinischem Niveau angesiedelt sind, im Vergleich zu klinischen Körperbildstörungen bislang nicht die dem Auftrag Sozialer Arbeit angemessene und notwendige Beachtung finden. Dies liegt unter anderem darin begründet, dass die klinischen Diagnosekriterien bezüglich Körperbildstörungen nicht nur die Grenze zum Pathologischen markieren, sondern im Allgemeinen auch immer noch festlegen, an welcher Stelle eine Problemlage beginnt und somit auch, ab wann soziale Unterstützung durch entsprechende Instanzen als notwendig gilt (vgl. Thies 1998, S. 70 f.). Wie durch unsere früheren Ausführungen offenkundig wurde, beginnt das soziale Problem für junge Frauen mit Körperbildbeeinträchtigungen in unserer Gesellschaft jedoch deutlich früher. Denn der Grat zwischen „normal" und „gestört" ist bei Körperbildproblemen sehr schmal (s. Kapitel 5) (vgl. Wunderer 2015, S. 28, 144). So gehen auch die weit verbreiteten, noch nicht als klinisch klassifizierten Körperbildprobleme bereits mit teilweise starken Belastungen und Beeinträchtigungen auf physischer und psychischer Ebene einher und können sich in negativer Weise auf den Alltag der Betroffenen auswirken.

Wenngleich die Soziale Arbeit eine der zentralen Professionen darstellt, die versucht, der Entstehung und Aufrechterhaltung von Körperbildbeeinträchtigungen entgegenzuwirken und obwohl sie auch anerkennt, dass die Grenzen zwischen normalen und problematischen Lebenslagen in wachsendem Maße unscharf werden, so sind doch die Verhältnisprävention und die Verhaltensprävention bzw. -intervention, den sozialstaatlichen Präventionsprogrammen entsprechend, bisher leider – wie bereits erwähnt – vor allem auf die klinischen Störungsbilder und insbesondere diejenigen Körperbildstörungen ausgerichtet, die mit einer Essstörungssymptomatik einhergehen wie bspw. die Bulimia nervosa (vgl. Schilling/ Zeller 2010, S. 121). Dieser Umstand wird unter anderem auch (s. Kapitel 6.2) vor dem Hintergrund nachvollziehbar, dass sich die Soziale Arbeit – wie bereits erwähnt – in ihrem Handeln an wissenschaftlichen Ergebnissen orientiert. So werden Untersuchungen zu Körperbildstörungen seit Ende der 1960er Jahre in erster Linie im Hinblick auf die benannten Extrempole und vor allem auf Essstörungen vorgenommen (vgl. Daszkowski 2003, S. 28).

Obwohl sich SozialarbeiterInnen in ihrem beruflichen Handeln nicht ausschließlich an den klinischen Diagnosekriterien orientieren und sie somit im Rahmen der Präventionsarbeit nicht nur an Maßnahmen beteiligt sind, die auf die Extrempole der Körperbildstörungen aufmerksam machen, und nicht nur Angebote begleiten, die der Rehabilitation junger Frauen mit klinischen Störungsbildern sowie der Rückfallprophylaxe dienen, sondern darüber hinaus auch junge Frauen erreicht werden sollen, die noch nicht unter einer klinischen Körperbildstörung leiden, ist es unseres Erachtens besonders wichtig, insbesondere die jungen Frauen, die unter ihrer Körperunzufriedenheit oder bereits unter subklinischen Körperbildstörungen leiden, stärker in den Fokus der Sozialen Arbeit zu nehmen – denn auch hier besteht dringender Handlungsbedarf (vgl. Herpertz et al. 2008, S. 170).

Denn in diesem Zusammenhang gehen die meisten Bemühungen der Sozialen Arbeit bisher nicht darüber hinaus, Kinder und Jugendliche dabei zu unterstützen, ein positives Körperbild zu entwickeln, sowie junge Frauen, die bereits von Körperbildproblemen betroffen sind, davor zu bewahren, an einem klinisch relevanten Störungsbild zu erkranken (vgl. Wunderer 2015, S. 294). So gibt es unseres Wissens im deutschsprachigen Raum neben Anlaufstellen für Essstörungen bislang auch noch keine konkreten Anlaufstellen, Angebote oder Selbsthilfegruppen für junge Frauen, die auch losgelöst von einer klinischen Diagnose unter ihren Körperbildproblemen leiden.

So sollte die Soziale Arbeit auf der Grundlage ihres Auftrags – nämlich dort einzugreifen, wo gesellschaftliche Rahmenbedingungen auf individueller Ebene zum Problem werden – einerseits in besonderem Maße bemüht sein, ihre Verhältnis- bzw. Verhaltensprävention, die sich bisher überwiegend an klinischen Störungsbildern orientiert, auf nicht klinische Körperbildbeeinträchtigungen auszudehnen. Anderseits sollte die Soziale Arbeit die Versorgungslücke in Bezug auf die fehlenden Beratungsangebote im Bereich der Verhaltensintervention schließen. So sollten hier Angebote etabliert werden, die sich gezielt an junge Frauen richten, die auch ohne klinische Diagnose bereits unter Leidensdruck stehen. Somit würde sich hier ein neues Handlungsfeld für die Soziale Arbeit ergeben.

Aus welchen, für junge Frauen weitreichenden Gründen die Soziale Arbeit diese Aufgaben – neben den hier bereits genannten Argumenten – bisher vernachlässigt, werden wir im nächsten Kapitel näher beleuchten.

6.2 Körperbildprobleme: Die scheinbar unbedenkliche Normalität

Zu Beginn des folgenden Kapitels möchten wir zunächst noch einmal betonend festhalten, dass die weitverbreitete Körperunzufriedenheit sowie die subklinischen Körperbildstörungen bei jungen Frauen vor allem auch Ausdruck einer problematischen Identifizierung mit den überfordernden weiblichen Leitbildern und Ideologien unserer Gesellschaft sind und sich negativ auf die physische und psychische Gesundheit der Frauen auswirken. Sinnvollerweise werden wir nun im Folgenden der Frage nachgehen, warum der beunruhigende Tatbestand der zunehmenden, noch nicht als klinisch zu klassifizierenden Körperbildprobleme bei jungen Frauen nicht zum Gegenstand fortlaufender sozialer und gesellschaftlicher Analyse und somit auch nicht zum eigenständigen Handlungsfeld der Sozialen Arbeit wird, sondern Körperbildbeeinträchtigungen stattdessen offenbar in die Definition dessen, was „normale“ Frauen angeblich ausmacht, allgemein integriert werden und folglich kein öffentliches Problem darstellen (vgl. Vocks/Legenbauer 2005, S. 13 f.; McRobbie 2010, S. 131, 151). Hierzu werden wir zunächst Gründe aufzeigen, die dazu führen, dass betroffene junge Frauen ihre Schönheitsarbeit häufig als allein in ihrem eigenen Interesse liegend wahrnehmen bzw. dies zumindest in aller Regel nach außen hin so darstellen. Sodann werden wir darauf eingehen, inwieweit das öffentliche Bewusstsein sowie wirtschaftliche und politische Bedingungen diesen Umstand fördern.

In diesem Buch wurde unter anderem deutlich, dass das äußere Erscheinungsbild für Frauen generell eine eher hohe Bedeutung für ihr Selbstbild hat und es dementsprechend für sie häufig wichtig ist, dem Ideal von Schönheit möglichst nahe zu kommen. Die angestrebte perfektionierte körperliche Erscheinung soll nach außen das Vorhandensein von Selbstbewusstsein, Glück, Gesundheit und Erfolg im Sinne einer gelungenen Selbstoptimierung signalisieren bzw. vortäuschen. Folglich ist es für Frauen oft besonders schwer, die Schönheitsarbeit aufzugeben oder empfundene körperliche Mängel nicht länger zu verheimlichen, da sie realistischerweise mit einem **Imageverlust** sowie mit damit einhergehenden Versagens- und Schamgefühlen rechnen müssen.

Setzen wir die bisherigen Erkenntnisse dieses Buches überdies mit weiteren Forschungsergebnissen in Verbindung, scheint es naheliegend, dass auf individueller Ebene nicht nur das Scheitern an den überhöhten Ansprüchen an das eigene Erscheinungsbild allein mit einem drohenden Imageverlust verbunden ist. Vielmehr gibt es weitere Aspekte, die junge Frauen dazu bewegen, ihre Körperbildprobleme, aus Sorge negativ bewertet zu werden, möglichst zu verheimlichen und als in sich selbst begründet zu sehen. So möchten sich moderne Menschen – dem Zeitgeist entsprechend – nicht als Marionetten der gesellschaftlichen Normen, der Medien oder gar der Mode- und Schönheitsindustrie sehen, sondern sich gegenteilig als gut informierte Wesen definieren, die über eine Entscheidungs- und Gestaltungsmacht verfügen, die es ihnen ermöglicht, Manipulationen und Normen zu widersagen (vgl. Posch 2009, S. 166, 193; McRobbie 2010, S. 101). Allerdings sind Menschen nicht nur autonom und handeln nicht nur freiwillig, sondern agieren immer auch vor dem Hintergrund sozialer Normen. Auch die Schönheitsarbeit, die heute allen Frauen, die als „echte“ Frauen gelten wollen, als routinemäßige Praxis abverlangt wird, stellt – wie dargelegt wurde – eine solche Norm dar (s. Kapitel 1) (vgl. Posch 2009, S. 12; McRobbie 2010, S. 101).

Aufgrund dessen geben Frauen – selbst wenn ihnen bewusst ist, dass sie nicht gänzlich nach freiem Willen handeln – in der Regel nicht gerne zu, dass sie sich den sozialen Normen bezüglich der Schönheit unterordnen (vgl. Posch 2009, S. 169). So definieren sich die meisten jungen Frauen heute als von sozialen Schönheitsstandards unbeeinflusst (vgl. ebd., S. 12). „Werden sie gefragt, für wen sie sich schön machen, antworten sie in den meisten Fällen »für mich selbst«, wie verschiedene Studien belegen“ (ebd.). In der Untersuchung von Dove „Die ganze Wahrheit über Schönheit“ aus dem Jahr 2004 empfinden bspw. nur 17 % der Frauen den Druck als von der Gesellschaft ausgehend, während 66 % glauben, selbst ihr größter Kritiker zu sein (vgl. Unilever 2015). Auch in der Studie von Kluge et al. (1999) gaben weniger als die Hälfte der von Körperunzufriedenheit betroffenen jungen Frauen an, sich durch die gesellschaftlichen Erwartungen an Schönheit unter Druck gesetzt zu fühlen bzw. unter diesem Druck zu leiden. Die Befragten waren vielmehr der Überzeugung, in erster Linie für sich selbst schön sein zu wollen (vgl. Kluge et al. 1999, S. 103 f., 108; Posch 2009, S. 165). Das Schönheitshandeln bzw. das Streben nach einer schlanken Figur wird also oft als von innen kommend betrachtet und steht demzufolge scheinbar mit der Herstellung eines sich wohlfühlenden Selbst in Verbindung (s. Kapitel 1.1) (vgl. Posch 2009, S. 34 f.). Insbesondere Frauen versuchen sich mit Aussagen wie „Ich tue das nur für mich“ gegen die Fremdbestimmung, die auf einer langen kulturhistorischen weiblichen Tradition sich unterzuordnen beruht (s. Kapitel 1.2), aufzulehnen (vgl. ebd., S. 166). So möchten sie gerne den Eindruck vermeiden, sie würden sich für andere schön machen, da dies für sie Abhängigkeit, mangelndes Selbstbewusstsein und geringe Charakterfestigkeit signalisieren würde (vgl. ebd., S. 169). „Die Verknüpfung von Sich-schön-Machen und Sich-wohl-Fühlen ist so gesehen eine Strategie, um Schönheitshandeln nicht als Anpassung an Normen und damit als Unterordnung zu sehen“ (ebd., S. 35). So wird die Schönheitsarbeit – aus dem Wunsch nach Selbstbestimmung heraus – im Rahmen der Selbstbildkonstruktion als eigene bzw. freiwillig aus mehreren Optionen ausgewählte Entscheidung jenseits von Manipulation interpretiert (vgl. ebd., S. 165 f., 193). Offensichtlich scheinen die Frauen häufig gar nicht zu merken, dass der Druck letztlich nicht von ihnen selbst ausgeht, sondern durch die gesellschaftlichen Rahmenbedingungen entsteht (vgl. McRobbie 2010, S. 134 f.). Fatalerweise verstärkt sich die Wirkung gesellschaftlicher Normen mit dem Grad ihrer Verinnerlichung. Je weniger die Normen als von außen kommend empfunden und wahrgenommen werden, und je mehr sie infolgedessen als selbst gewählte Ziele, deren Verwirklichung vermeintlich das individuelle Wohlbefinden erhöhen, angesehen werden, desto stärker wirken sie (vgl. Posch 2009, S. 165, 167, 221).

Da Frauen sich also oft vermeintlich schön machen, um sich mit sich selbst wohlzufühlen, bedeutet dies unweigerlich auch, dass es für sie schwer ist, sich in der Öffentlichkeit als mit ihrem Körper unzufrieden zu definieren und gar zuzugeben, dass diese Unzufriedenheit auf der festgestellten Unfähigkeit beruht, das internalisierte gesellschaftliche Schönheitsideal zu erreichen. Außerdem ist es für junge Frauen nicht nur unangenehm, die Sorge über die empfundenen Mängel des eigenen Erscheinungsbildes offen zu kommunizieren, sondern es ist genauso negativ besetzt, offen zuzugeben, dass diese empfundenen Mängel zu persönlichen Einschränkungen führen. Denn auch dies würde ihre Abhängigkeit von dem vorgegebenen Schönheitsideal offenkundig machen und somit bedeuten einzugestehen, nicht die selbstbewusste und schöne Frau zu sein, die sie gerne sein möchten bzw. als die sie gerne gesehen werden möchten (vgl. ebd., S. 153).[6]

Demnach soll die Schönheitsarbeit, z. B. in Form einer Diät, offiziell nicht etwa betrieben werden, um die eigene Unzufriedenheit mit dem Körper zu beseitigen, sondern um sich im Sinne des Schlankheitsideals fit und vital zu fühlen. Denn heute wird Schlankheit – wie deutlich wurde – nicht nur mit Schönheit, sondern auch mit Gesund-

6 Wenn Frauen ihre Körperunzufriedenheit kommunizieren, dann zumeist nur „unter sich". In einem solch geschützten Rahmen unterstützen sich die Frauen solidarisch gegenseitig darin, ihre körperbezogene Unzufriedenheit als normal zu bewerten (da ja fast jede betroffen ist) und als etwas Selbstverständliches hinzunehmen, sie also als festen Bestandteil des Frauseins zu akzeptieren (vgl. McRobbie 2010, S. 152).

heit in Verbindung gebracht. Auch wenn die Körperinszenierung gesellschaftlich erwünscht ist, soll niemand bemerken, wie aufwändig und belastend diese sein kann, sondern es soll gegenteilig so wirken, als ginge sie mit einer gewissen Leichtigkeit bzw. Unbeschwertheit vonstatten (vgl. ebd., S. 131). So geben bspw. in der Studie von Cash/ Hrabosky (2004) 50 % der befragten Frauen an, ihre körperbezogene Unzufriedenheit sowie das auf das Schön- bzw. Schlanksein ausgerichtete Handeln nicht als belastend zu empfinden und sich somit auch nicht in ihrem Alltagsleben, wie bspw. in sozialen Beziehungen oder im Berufsleben, beeinträchtigt zu sehen (vgl. Vocks/ Legenbauer 2005, S. 14).

Vor diesem Hintergrund scheint es verständlich, dass es für Frauen nicht nur kompliziert ist zu durchschauen, dass sie sich durch den Versuch, dem Schlankheitsideal zu entsprechen, gesundheitlich schädigen können, sondern es ist ebenso schwer für sie, öffentlich zuzugeben, dass dieses erwünschte – gewollt vitale Gesundheit vermittelnde – Erscheinungsbild in gegensätzlicher Weise mit gesundheitsschädlichen Maßnahmen, bei denen wesentliche Körperbedürfnisse ignoriert werden, erhalten wird. Denn es soll, wie bereits in Kapitel 1.1 erwähnt, „innere Schönheit" mit äußerer Schönheit zur Deckung kommen und somit stellen diese gesundheitsschädigenden Maßnahmen ein Bekenntnis defizitärer Innerlichkeit dar (vgl. Posch 2009, S. 40, 138).

Letztlich scheint also nicht nur allein das Scheitern an den eigenen überhöhten Ansprüchen mit einem drohenden Imageverlust für junge Frauen verbunden zu sein. Auch sich und anderen einzugestehen, von den gesellschaftlichen und medial verbreiteten Anforderungen an das äußere Erscheinungsbild abhängig zu sein und sich unter Druck gesetzt zu fühlen, d. h. auch zuzugeben, unter der körperbezogenen Unzufriedenheit sowie der Schönheitsarbeit zu leiden bzw. sich durch diese eingeschränkt zu fühlen, kann in diesem Sinne als bedrohlich von ihnen erlebt werden.

Außerdem wird die Hemmung, über die eigenen Körperbildprobleme zu sprechen, auch durch die Befürchtung verstärkt, in die Nähe extrem pathologischer Formen des Schlankheitsstrebens bzw. der Körperdisziplinierung gerückt zu werden und demnach möglicherweise als krank zu gelten. Denn die Zuschreibung von Krankheit hat dann problematische Auswirkungen für die Betroffenen, wenn eine Störung in der Öffentlichkeit vornehmlich als ein eigentlich kontrollierbares, also in der eigenen Verantwortung liegendes Problem, angesehen wird (vgl. Wunderer 2015, S. 145).

Obwohl in den letzten Jahren auch die Medien und die Werbeindustrie, die – wie gezeigt wurde – die gesellschaftlich vorherrschenden und honorierten Attraktivitäts- und Schlankheitsstandards verbreiten, zunehmend für die Entstehung von klinischen Körperbildstörungen mitverantwortlich gemacht werden, werden diese klinischen Störungen in unserer Gesellschaft – ganz im Sinne des heutigen Zeitgeistes, der impliziert, dass jeder für sich und seinen Körper selbst verantwortlich ist (s. Kapitel 1.1) – immer noch überwiegend als das Ergebnis einer misslungenen Sozialisation bzw. einer mangelnden Anpassungsfähigkeit auf physiologischer, psychischer und sozialer Ebene der Betroffenen angesehen und somit als eine schwere Entwicklungs- und Persönlichkeitspathologie wahrgenommen (vgl. Baumann 2011, S. 69; Thies 1998, S. 40, 42, 72; Schilling/ Zeller 2010, S. 125). So liegt das Scheitern an den gesellschaftlichen Anforderungen bei den Betroffenen scheinbar immer in ihrem individuellen Unvermögen bzw. in Mängeln der eigenen Person und ihrer Anlagen begründet (vgl. Posch 2009, S. 56 f.; Thies 1998, S. 40, 72) .

Dadurch, dass diese gesellschaftliche Auffassung bezüglich der klinischen Störungsbilder internalisiert wird, kommt es nicht nur zu Fremd-, sondern auch zu Selbststigmatisierungsprozessen, die mit Schamgefühlen sowie sozialen Ängsten verbunden sind (vgl. Wunderer 2015, S. 28, 142, 144; Daszkowksi 2003, S. 122). Es ist verständlich, dass Frauen nicht als krank und defizitär – und somit als an den gesellschaftlichen Ansprüchen gescheitert – wahrgenommen werden möchten, da dies ansonsten bedeuten würde, ihr Image der sich wohlfühlenden, selbstbewussten und erfolgreichen Frau zu verlieren. Somit distanzieren sich Frauen von den klinischen Störungsbildern und entfernen sich damit auch von der Möglichkeit, ihre eigene Problematik als Störung, die eben auch durch gesellschaftliche Prozesse verursacht wird, wahrzunehmen.

Dieser Abgrenzungsprozess wird durch die mediale Darstellung der klinischen Störungsbilder noch unterstützt, weil hier die Unterschiede statt der Gemeinsamkeiten zwischen den scheinbar „gesunden“ und den kranken Frauen hervorgehoben werden und somit die defizitäre Sichtweise auf die klinischen Körperbildstörungen verstärkt wird (vgl. Thies 1998, S. 72 f.). Denn in den Medien wird überwiegend auf die Extrempole der auf die äußere Attraktivität bezogenen Körperbildstörungen und vor allem auf das Störungsbild der Bulimia nervosa aufmerksam gemacht. Hinsichtlich dieser Erkrankung wird die Essstörungssymptomatik, die das individuelle Scheitern an den normativen gesellschaftlichen Anforderungen an den Körper besonders deutlich ausdrückt, in den Vordergrund gestellt, hinter der die eigentliche Problematik des für die Bulimia nervosa so bedeutenden gestörten Körperbildes im Dunkeln bleibt (vgl. ebd., S. 40, 72). So wird dadurch, dass die bulimischen Denk-, Fühl- und Verhaltensweisen auf diese Weise individualisiert und dementsprechend als anormal deklariert werden und somit bestehende Ähnlichkeiten zwischen bulimischen und nicht bulimischen Frauen verdeckt bleiben, der Blick auf die gesellschaftliche Dimension verhindert (vgl. ebd., S. 72 f.).[7]

Zudem trägt die bereits erwähnte Verwirrung bezüglich der beiden Störungsbilder Anorexia nervosa und Bulimia nervosa und die damit einhergehenden generalisierenden Annahmen (s. Kapitel 5.1) – die sich auch in Medienberichten bemerkbar machen – dazu bei, dass bestehende Gemeinsamkeiten zwischen nicht bulimischen und bulimischen Frauen weniger deutlich werden. So kann auf diese Weise z. B. der Eindruck entstehen, dass die unter Bulimia nervosa leidenden ebenso wie anorektische Frauen ein Wunschgewicht anstreben, dass weit unter dem gesellschaftlich geforderten Schlankheitsideal liegt (s. Kapitel 5.1). Dies wiederum erleichtert es Frauen, die unter einer subklinischen Körperbildstörung leiden, sich abermals von dem Störungsbild der Bulimia nervosa zu distanzieren. In dem Zusammenhang, dass vor allem die Unterschiede statt die Gemeinsamkeiten zwischen den subklinischen und klinischen Körperbildstörungen in den Medien fokussiert werden, könnte auch die Tatsache begründet sein, dass die körperdysmorphe Störung im Vergleich zur Essstörung Bulimia nervosa in der Öffentlichkeit ein noch weniger bekanntes Phänomen darstellt. Auch wenn dies darauf zurückzuführen sein mag, dass die kör-

7 Hier ist auch auf die Gefahr hinzuweisen, dass diese Darstellung gefährdeten Mädchen und Frauen problematischerweise Wissen über extrem gesundheitsschädigende Praktiken der Körperdisziplinierung und Gewichtsregulierung vermittelt (Nachahmungseffekt) (vgl. Baumann 2009, S. 218 f.; Wunderer 2015, S. 305).

perdysmorphe Störung – wie bereits erwähnt – lange Zeit wissenschaftlich umstritten war, und bis heute einige Forscher und Psychiater darüber diskutieren, ob es sich bei der Störung um ein eigenständiges Syndrom handelt oder diese vielmehr als Vorläufer oder Symptom anderer Störungen anzusehen ist, wurde die körperdysmorphe Störung bereits 1994 als eigenständige, nicht wahnhafte Störung im DSM-IV unter den somatoformen Störungen klassifiziert (s. Anhang 2.1) und stellt somit bereits seit über 20 Jahren ein offiziell anerkanntes Störungsbild dar (vgl. Brunhoeber 2009, S. 12). Aus diesem Grund ist anzunehmen, dass die geringere Präsenz der körperdysmorphen Störung in den Medien unter anderem auch darin begründet sein könnte, dass hier die Gemeinsamkeiten (in Form des an die gesellschaftlichen Bedingungen gekoppelten gestörten Körperbildes sowie der daraus resultierenden Beeinträchtigungen) zwischen Personen, die unter einer subklinischen Körperbildstörung leiden, und Personen, die an der körperdysmorphen Störung erkrankt sind, offensichtlicher sind (vgl. ebd., S. 17). Denn es geschieht zum einen leichter, sich unfreiwilligerweise in diesem Störungsbild wiederzuerkennen, da sich – wie bereits erwähnt wurde – die Unzufriedenheit bzw. die Symptomatik bei der körperdysmorphen Störung im Gegensatz zur Bulimia nervosa auf jedes Körperteil beziehen kann, und zum anderen erscheint die Distanzierung für Frauen, die unter einer subklinischen Körperbildstörung leiden, von Personen mit einer körperdysmorphen Störung deutlich schwieriger zu sein als vom Krankheitsbild der Bulimia nervosa, da hier nicht die eindeutig pathologische Essstörungssymptomatik zur Abgrenzung genutzt werden kann (s. Kapitel 5.1).

Letztlich steht die Darstellung der klinischen Störungsbilder in den Medien eng mit der medialen Inszenierung des gesellschaftlichen Schönheitsideals und den dahinter stehenden wirtschaftlichen Interessen im Zusammenhang (vgl. Kiehl 2010, S. 53; Daszkowski 2003, S. 68). Denn Frauen sollen nicht erkennen, dass sich der Versuch, dem gesellschaftlichen Schlankheitsideal nachzueifern, negativ auf ihre Gesundheit auswirken kann, sondern sie sollen gegenteilig in ihrem Glauben bestärkt werden, dass das Streben nach einer schlanken Figur – solange es nicht in einer klinischen Körperbildstörung mündet – förderlich für ihr Wohlbefinden bzw. ihre Gesundheit ist. Wie bereits in Kapitel 2.2 erwähnt, stehen hinter dieser – möglichen Schaden verschleiernden – Darstellung auch vor allem große Industriezweige der Kosmetik-, Pharma-, Ernährungs- und Modebranche sowie der kosmetischen Chirurgie, die durch das Verlangen junger Frauen, einen schlanken und damit schönen Körper zu besitzen, Umsatzsteigerungen erzielen möchten (vgl. Kiehl 2010, S. 53; Daszkowski 2003, S. 68; Thies 1998, S. 72).

Natürlich könnte der Umstand, dass bestehende Ähnlichkeiten zwischen problematischen – dem Körper- und Alltagserleben abträglichen – Empfindungen und Verhaltensweisen vieler Frauen und klinischen Störungsbildern in den Medien nicht deutlich werden, auch mit darin begründet sein, dass die Körperbildforschung insgesamt sehr uneinheitlich ist und insbesondere die an gesellschaftliche Bedingungen gekoppelten subklinischen Körperbildstörungen in der Wissenschaft immer noch zu wenig Beachtung finden (s. Kapitel 3.1, 6.1). Darüber hinaus muss an dieser Stelle ebenfalls darauf hingewiesen werden, dass auch die Körperbildforschung selbst teilweise unter dem Einfluss großer Industriezweige steht. So werden Studien in diesem Zusammenhang häufig von Organisationen und Firmen finanziert, die durch das Schlankheitsstreben der jungen Frauen profitieren. So dienen die Untersuchungsergebnisse der in eigenem Interesse entsandten Experten üblicherweise eher nicht dem Allgemeinwohl und damit auch nicht dem Interesse der untersuchten Bevölkerungsgruppe, sondern zielen vorrangig auf die Absicherung medial propagierter Kampagnen der Schönheits- und Gesundheitsmarkterschließung ab (vgl. McRobbie 2010, S. 137; Posch 2009, S. 95 f.).

Es wird deutlich, dass sich die zunehmende Körperunzufriedenheit junger Frauen in einem gesellschaftlich akzeptierten Rahmen bewegt und die daraus resultierende Körperdisziplinierung nicht nur auf Zustimmung stößt, sondern aufgrund wirtschaftlicher Interessen sogar gefördert wird. Letztlich wird Frauen dadurch nicht nur erschwert, ihre Körperbildbeeinträchtigungen als Problem wahrzunehmen, sondern dies führt auch dazu, dass sie aufgrund ihres Bedürfnisses, zumindest nach außen als autonom zu wirken, sowie aufgrund ihres hierzu widersprüchlichen Konformitätswunsches (hinsichtlich der geforderten Schönheit bzw. Schlankheit) ihre Körperbildprobleme – mehr oder weniger unbewusst bzw. unreflektiert – häufig in die private Unsichtbarkeit verlagern. Auf diese Weise schaffen sie es, sich offiziell so weit wie möglich an die gesellschaftlich vorherrschenden Normen anzupassen – so wie es von ihnen erwartet wird (vgl. Thies 1998, S. 79). Vor diesem Hintergrund ist es verständlich, dass sich die betroffenen jungen Frauen selten professionelle Unterstützung suchen, zumal sie ihr Leiden vermutlich eher nicht als in ihrer Psyche angesiedelt sehen (indem sie nämlich z. B. vergeblich versuchen, durch die Arbeit an ihrem Körper ihr eher niedriges Selbstwertgefühl aufzubessern), sondern als in ihrer zu fülligen und damit scheinbar hässlichen Figur begründet sehen. Somit ist es für sie schwer vorstellbar, dass ihnen jemand bei ihrem Problem helfen kann, und deshalb besteht in dieser Hinsicht eine mangelnde Wirksamkeitserwartung ihrerseits (vgl. Brunhoeber 2009, S. 58; Wunderer 2015, S. 295).

Indem die Frauen also individualisiert versuchen, dem Druck, das Schlankheitsideal zu erreichen, gerecht zu werden bzw. diesen zu verarbeiten, bleiben sie nicht nur – wie im Sinne wirtschaftlicher Interessen erwünscht – ihrem Konsumverhalten „rund um ihre Schönheit" treu, sondern stellen **in der Öffentlichkeit kein dringliches Problem** dar, da sich die Symptomatik im Gegensatz zu anderen Störungen, wie bspw. dem Alkohol- und Drogenkonsum, still und autoaggressiv vollzieht und in der Regel keine Kosten für das Gesundheitssystem verursacht (vgl. Thies 1998, S. 72). Somit tragen Frauen selbst unbewusst dazu bei, dass die gesellschaftlich verankerte Schlankheitsforderung nicht aufgebrochen wird. Dies wiederum führt mit dazu, dass kein öffentlicher Handlungsdruck entsteht, in dessen Folge entsprechende gesellschaftliche Veränderungen als Lösungs- oder Präventionsmöglichkeiten in Betracht gezogen werden müssten. Denn die betroffenen Frauen gefährden die gesellschaftliche Ordnung nicht. Im Gegenteil wird durch die Maximierung individueller und die Minimierung gesellschaftlicher Verantwortung der Anschein gestützt, dass eigentlich gar kein Problem vorhanden ist, und somit wird die Aufrechterhaltung bestehender gesellschaftlicher Rahmenbedingungen verstärkt (vgl. ebd., S. 75).

So ist es folgerichtig, dass der Druck seitens der Medien und der finanzmächtigen Schönheitsindustrie auf die Regierung bislang größer ist als der öffentliche Handlungsdruck, für die Probleme der jungen Frauen einzutreten. Zudem hat auch die Regierung Interesse am weiteren wirtschaftlichen Aufschwung und Verhältnisprävention ist sehr kostspielig (vgl. Thole 2011, S. 496). Also definieren meinungsbildende Teile der Gesellschaft wie eben bspw. Industrielobby und Medien, was gesellschaftlich als negativ bzw. als Problem gilt und infolgedessen gesellschaftliche oder politisch korrigierende Veränderungen erfordert (vgl. Schilling/ Zeller 2010, S. 200). Auch wenn Experten aus der Wissenschaft immer wieder darauf verweisen, dass die kulturellen Normen weiblicher Vollkommenheit durch die Medien aufgegriffen, beworben und unterstützt werden, und diese Normen auf individueller Ebene besonders für junge Frauen zum Problem werden, geschieht von politischer Ebene aus immer noch zu wenig, um diese Strukturen aufzubrechen. Ganz im Gegenteil scheinen die Folgen für junge Frauen fast akzeptabel zu sein (vgl. McRobbie 2010, S. 134 f.). So finden in vielen Ländern der westlichen Industriestaaten, so auch in Deutschland, weder in öffentlichen Debatten noch im Kontext politischer Entscheidungen wirklich nachhaltige Diskussionen darüber statt, auf welche Weise die gesellschaftlichen Bedingungen dazu beitragen, dass das häufig dysfunktionale Bemühen, dem gesellschaftlichen Schönheitsideal zu entsprechen, zum scheinbar subjektiven Interesse junger Frauen wird bzw. warum ihr äußeres Erscheinungsbild als so bedeutsam für ihr Leben erscheint und wie diesen für Frauen meist schädlichen Phänomenen entgegengewirkt werden kann (vgl. ebd., S. 136).

So „normalisiert“ die deutsche Bundesregierung letztlich die Notlage, in der sich viele junge Frauen befinden (vgl. ebd., S. 134 f.). Dementsprechend übersteigen ihre Bemühungen viel zu selten die Verweise auf die bereits bestehenden sozialstaatlichen Präventions- und Interventionsmaßnahmen (z. B. „Leben hat Gewicht – gemeinsam gegen den Schlankheitswahn“), die dem herrschenden Schlankheitswahn auf gesellschaftlicher Ebene entgegenwirken sollen (vgl. McRobbie 2010, S. 134 f.; Bundesministerium für Gesundheit 2008).[8]

Diese Maßnahmen sind allerdings im Vergleich zu anderen Bereichen – wie bspw. zur Suchtprävention – leider immer noch deutlich

---

8 So ist auf die Initiative „Leben hat Gewicht – gemeinsam gegen den Schlankheitswahn“ des Bundesministeriums für Gesundheit, des Bundesministeriums für Familie, Senioren, Frauen und Jugend sowie des Bundesministeriums für Bildung und Forschung hinzuweisen. In Zusammenarbeit mit ExpertInnen aus Verbänden, Medizin und Hilfseinrichtungen verfolgt sie das Ziel, jungen Menschen ein positives Körperbild zu vermitteln (vgl. Bundesministerium für Gesundheit 2008).

weniger ausgebaut und orientieren sich zudem immer noch überwiegend an den klinischen Essstörungen (s. Kapitel 6.1). Dadurch, dass auch hier der Fokus auf die vergleichsweise seltenen Essstörungen gelegt wird und die allgemein zunehmende Körperunzufriedenheit sowie der Anstieg subklinischer Körperbildstörungen vernachlässigt und diese Körperbildprobleme dementsprechend nicht als ernstzunehmendes Problem behandelt werden, erweist sich die sozialstaatliche Verhältnisprävention als ein politisches Instrument, das von der gesellschaftlichen Dimension der Problematik ablenkt (vgl. Galuske 2011, S. 326). Eine weitere Gefahr sehen wir auch darin, dass sich viele junge Frauen von den Initiativen, die eine Essstörungsproblematik in den Vordergrund stellen, wahrscheinlich nicht angesprochen fühlen, da sie – wie bereits verdeutlicht wurde – stark dazu tendieren, sich von diesen Extremen zu distanzieren.

Ebenso ist die im Rahmen sozialstaatlicher Verhältnisprävention erteilte Anweisung der Bundesregierung an Wirtschaft und Medien, sich in Bezug auf die Darstellung von überschlanken Models selbst zu regulieren, als eine nicht ausreichende Maßnahme zu betrachten. Denn ganz im Gegensatz zu dieser Aufforderung seitens der Regierung fördern die Medien sowie die Werbestrategen – wie deutlich wurde – aus wirtschaftlichem Eigeninteresse die Körperunzufriedenheit der Konsumentinnen durch die Verbreitung eines unrealistischen Körperideals nicht nur, sondern sie zielen vielmehr ganz bewusst darauf ab (vgl. McRobbie 2010, S. 134 f.; Bundesministerium für Gesundheit 2008). So erscheint es generell eher als recht unwahrscheinlich, dass eine selbstkritische Hinterfragung ihrerseits und eine damit verbundene Veränderung auf gesellschaftlicher Ebene stattfindet. So wundert es auch nicht, dass die Initiative „Leben hat Gewicht – gemeinsam gegen den Schlankheitswahn" lediglich mit der Textil- und Modebranche eine freiwillige Selbstverpflichtung verabschieden konnte (vgl. Bundesministerium für Gesundheit 2008).[9]

Wünschenswert wäre es demnach, dass die unrealistischen Idealbilder auch in den Medien durch authentische Gegenbilder ersetzt

9 Allerdings ist leider auch zu vermuten, dass diese freiwillige Selbstverpflichtung nicht ausschließlich dem Wohl junger Frauen dienen soll, sondern vielmehr auf eine Imageverbesserung abzielt und damit letztlich eher eine Gewinnmaximierung verfolgt (vgl. Posch 2009, S. 218).

oder zumindest ergänzt würden. Diese sollten verschiedene Körperformen- und gewichte sowie Körper verschiedener Altersgruppen zeigen und auf diese Weise die tatsächliche Variationsbreite von Frauenkörpern abbilden. Denn nur dann würde den vermeintlich erstrebenswerten Vorbildern die publizistische Grundlage entzogen (vgl. Gesundheitsförderung Schweiz 2013, S. 27). Darüber hinaus sollte die Darstellung von Frauen auch die Vielfalt verschiedener Rollenbilder und Fähigkeiten beinhalten. Dies könnte zu einer breiteren Definition von Schönheit und einer größeren Akzeptanz der Körpervielfalt beitragen, Stigmatisierungen entgegenwirken und Frauen darin unterstützen, ihre eigenen Körperkonzepte und Lebensentwürfe zu leben sowie eigenständig eine weibliche Identität zu entwickeln. Um diesem Ziel näher zu kommen, müsste die Regierung – wie aufgezeigt wurde – allerdings über ihre bisherigen „gut gemeinten" Bemühungen hinausgehen und gesetzliche Bestimmungen erlassen (vgl. ebd., S. 33). Denn die Wirkungsmacht des Schlankheitsideals wird letztlich auch durch den vom Staat vorgegebenen regulativen Rahmen der Gesetze bestimmt (vgl. Posch 2009, S. 218).[10]

Wie die bisherigen Ergebnisse dieses Buches gezeigt haben, werden trotz der mitverursachenden gesellschaftlichen Rahmenbedingungen und des zunehmenden Einflusses der Medien und der Werbeindustrie, die die gesellschaftlich vorherrschenden, erwiesenermaßen in großem Maße schädigenden und dennoch honorierten Attraktivitäts-

10 In anderen Ländern ist man hier bereits einen Schritt weiter. So reichen bspw. in Andalusien die Maßnahmen bis zu behördlichen Bestimmungen, die besagen, dass Modegeschäfte Kleidung nur noch ab Konfektionsgröße 38 ausstellen dürfen (vgl. Baumann 2009, S. 215). Und auch die Organisatoren der Madrider Modewoche „Pasarela Cibeles" haben 2006 in Kooperation mit der Madrider Stadtregierung Regeln eines Body-Mass-Index von mindestens 18,5 bei Models durchgesetzt. In Israel ist seit 2013 das weltweit erste Gesetz in Kraft getreten, das Models mit einem Body-Mass-Index unter 18,5 von der Arbeit ausschließt. Und auch die Veröffentlichung von Fotos solch untergewichtiger Models zu kommerziellen Zwecken kann mit einer Geldstrafe geahndet werden (vgl. Gesundheitsförderung Schweiz 2013, S. 31). Auch in Frankreich wird über einen Gesetzesentwurf abgestimmt, der untergewichtigen Models die Arbeit verbieten soll (vgl. Roth 2015). Weiterhin bietet die weltweit erste Metropole São Paulo seit 2007 ein erfolgreiches Beispiel für kommunale Einschränkungen öffentlicher Werbung. So wurde nun jede Werbung im Stadtbild verboten. Trotz anfänglicher Proteste, insbesondere seitens der Industrie und Wirtschaft, reagierten zwei Drittel der Bewohner letztlich positiv (vgl. Busch 2008).

und Schlankheitsstandards aufgreifen, verbreiten und aufrechterhalten, klinische Körperbildstörungen wie Bulimia nervosa immer noch überwiegend als individuelles Unvermögen dargestellt. Diese Art der Darstellung verhindert den Blick auf die gesellschaftliche Dimension und nimmt die Gesellschaft aus der Verantwortung, anstatt Körperunzufriedenheit sowie subklinische Körperbildstörungen als öffentliche und gesellschaftliche Problematik der Wahrnehmung zugänglich zu machen. Vor diesem Hintergrund ist leider zu vermuten, dass sich der Trend des am Schlankheitsideal orientierten Körperkults in Zukunft – so wie auch von KulturwissenschaflterInnen befürchtet (s. Kapitel 5.1) – noch weiter ausbreiten wird.

So ist es nicht nur mehr als wünschenswert, dass auf gesellschaftlicher Ebene im Rahmen der Verhältnisprävention gründlich um- und weitergedacht wird, sondern es ist außerdem dringend erforderlich, der Frage nachzugehen, welche zukünftigen Maßnahmen auf individueller Ebene im Rahmen von Verhaltensprävention und -intervention in Bezug auf die weit verbreitete Körperunzufriedenheit und die subklinischen Körperbildstörungen sinnvoll bzw. erforderlich für die Entwicklung oder Wiederherstellung eines positiven Körperbildes sind (vgl. ebd., S. 16). Im Folgenden werden wir nun aufzeigen, welchen Beitrag die Soziale Arbeit, die sich mit der Bewältigung individueller und sozialer Problemlagen befasst, unter anderem in diesem Zusammenhang leisten kann (s. Kapitel 6.1) (vgl. Schilling/ Zeller 2010, S. 202).

6.3 Handlungsempfehlungen für die Soziale Arbeit

Im Folgenden werden wir Handlungsempfehlungen für die Soziale Arbeit auf den Ebenen der Verhältnisprävention und der Verhaltensprävention bzw. -intervention aufführen. Denn eine Kombination dieser Ansatzweisen verspricht den größtmöglichen Erfolg (vgl. Wunderer 2015, S. 295).

Unsere Empfehlungen für SozialarbeiterInnen sollen lediglich als eine Orientierungshilfe für die Praxis dienen und somit Anreize für den Umgang mit den negativen Auswirkungen des Körperideals auf das subjektive Körperbild junger Frauen geben. Denn für die Entwicklung von Handlungskonzepten im Sinne der Prinzipien Sozialer Arbeit wäre es erforderlich, weitere wissenschaftliche Untersuchungen zum Zusammenhang von Körperunzufriedenheit bzw. subklinischen Körperbildstörungen mit den gesellschaftlichen Rahmenbedingungen sowie zum Umgang mit diesen Störungen durchzuführen (s. Kapitel 6.1). Denn zu diesem Themenkreis existieren bislang kaum Studien, Fachbücher bzw. -broschüren oder wissenschaftliche Literatur. Vor allem im Fachbereich Soziale Arbeit mangelt es daran. Jedoch können SozialarbeiterInnen nur aufgrund solch erweiterter Forschung über das für die Praxis nötige differenzierte Hintergrundwissen bezüglich des hoch komplexen Themenfeldes des Körperbildes bzw. der Körperbildstörungen verfügen (vgl. Galuske 2011, S. 316). So bietet dieses Buch einen ersten Ansatz, um diese Forschungslücke zu schließen. Denn Fachkräfte müssen wissen, warum junge Frauen versuchen das Schlankheitsideal zu erreichen, wie es wirkt und was es mit ihnen macht. Genauso müssen sie fundierte Kenntnisse besitzen über das – im nicht klinischen Bereich beginnende – Kontinuum von leichten über ausgeprägte subklinische bis hin zu klinischen Körperbildstörungen, d. h. über alle Schweregrade physischer und psychischer Beeinträchtigungen und Belastungen durch negative Körperbilder. Zudem müssen sie über die multifaktoriellen Entstehungsbedingungen sowie über die aufrechterhaltenden Faktoren der Körperbildstörungen aufgeklärt sein (vgl. Wunderer 2015, S. 422). Denn dieses Wissen erleichtert den Umgang mit dieser komplexen Problematik und befähigt SozialarbeiterInnen dazu, Hilfebedarf zu erkennen und infolge dessen – im Rahmen von Verhältnisprävention und Verhaltensprävention sowie auch individuell angesetzten verhaltensintervenierenden Maßnahmen – wirkungsvolle Unterstützung mit Hilfe entsprechender Methoden und Arbeitsweisen anbieten zu können, d. h. auf der Basis von Kompetenz und Integrität professionell agieren zu können (vgl. ebd., S. 297).

Im Rahmen der **Verhältnisprävention auf bundesweiter bzw. nationaler Ebene** hat die Soziale Arbeit den Auftrag, der Politik zu helfen, indem sie über soziale Problemlagen informiert sowie mögliche Ursachen für die jeweilige Problematik benennt und entsprechenden gesellschaftlichen Veränderungsbedarf anmahnt sowie notwendige politische Maßnahmen formuliert (vgl. DBSH 2009, S. 14). Gehen wir von diesem Arbeitsauftrag Sozialer Arbeit aus, halten wir es angesichts unserer erarbeiteten Resultate für dringend notwendig, dass die sozialstaatlichen Initiativen und Präventionsprogramme bezüglich der um sich greifenden Körperbildprobleme erweitert und sodann flächendeckend intensiv und nachhaltig durchgesetzt werden. So sollte die Sozial- und Gesundheitspolitik dazu aufgefordert werden, die – auf die äußere Attraktivität bezogenen – Körperbildstörungen, deren Entstehung an die gesellschaftlichen Rahmenbedingungen gebunden sind, in den Blick zu nehmen und vermehrt auf diese aufmerksam zu machen (s. Kapitel 6.1, 6.2). In diesem Zusammenhang ist es nicht nur bedeutsam, aufklärend die Unterschiede zwischen Anorexia nervosa und Bulimia nervosa deutlich hervorzuheben, sondern vor allem auch die weit verbreitete Körperdysmorphe Störung in das öffentliche Bewusstsein zu rufen (s. Kapitel 5.2, 6.2). Zudem ist es im Rahmen sozialstaatlicher Verhältnisprävention von wesentlicher Bedeutung, nicht erst extreme Formen der Körperbildstörung, sondern bereits die allgemein zunehmende Körperunzufriedenheit sowie die subklinischen Körperbildstörungen vieler junger Frauen zu hinterfragen und ganz entschieden als wachsendes, ernstzunehmendes öffentlich gesellschaftliches Problem wahrzunehmen. Denn klinische Körperbildstörungen sind vergleichsweise seltene Krankheiten und es ist viel wahrscheinlicher unter einer niedrigschwelligen, subklinischen Körperbildstörung zu erkranken (s. Kapitel 5.1). So sollte in der Öffentlichkeit dringend darauf aufmerksam gemacht werden, dass sich auch nicht klinische Körperbildprobleme bereits negativ auf die psychische und physische Gesundheit auswirken können (s. Kapitel 5.2) (vgl. Baumann 2009, S. 214; Wunderer 2015, S. 145). Auf diese Weise könnten sich auch zunehmend Frauen ohne ein klinisches Störungsbild angesprochen fühlen und sich möglicherweise als von einem gesellschaftlich bedingten Problem betroffen wahrnehmen.

Folgerichtig müssten die gesellschaftlichen Strukturen, die insbesondere Frauen unter Druck setzen, indem sie von ihnen in jeder Hinsicht Perfektion erwarten – obwohl der Versuch, diesen insgesamt widersprüchlichen Anforderungen gerecht zu werden anerkannter Weise mit psychischen und physischen Belastungen einhergeht – zum öffentlichen Thema gemacht werden, damit sie nicht weiterhin auf individueller Ebene zum Problem werden. So sollte die Sozial- und Gesundheitspolitik verstärkt das öffentliche Bewusstsein für krankmachende

Zusammenhänge sensibilisieren sowie zu einer kritischen Auseinandersetzung mit aktuellen Normen und Schönheitsidealen anregen. Zudem sollten langfristig Gesetze verabschiedet werden, die der Problematik entgegenwirken. So wünschen wir uns bspw. nationale und auch vermehrt internationale gesetzliche Bestimmungen, die dazu führen, die Allgegenwärtigkeit des Schlankheitsideals effektiv einzudämmen.

Im Rahmen der **Verhältnisprävention auf kommunaler Ebene ist** für die Herstellung von Gesundheit und Wohlbefinden junger Frauen eine Vernetzung sozialer Dienstleister sowie eine enge multiprofessionelle Zusammenarbeit innerhalb eines gemeinsamen Handlungssystems von wesentlicher Bedeutung (vgl. Wunderer 2015, S. 20). So fällt die Gesundheitsförderung nicht nur in die Zuständigkeit der Sozialen Arbeit, sondern bspw. auch in die Bereiche der Erziehungs- und Bildungsinstitutionen, wie Familie, Kindergarten, Schule und Beruf (vgl. Schilling/ Zeller 2010, S. 131).

Neben der Verhältnisprävention auf gesellschaftlicher Ebene spielt die zielgruppenspezifische **Verhaltensprävention bzw. -intervention auf individueller Ebene** als Strategie zur Beeinflussung von gesundheitsrelevanten Verhaltensweisen eine wesentliche Rolle, bei der SozialarbeiterInnen aktiv Unterstützung leisten können (vgl. Wunderer 2015, S. 295). In der direkten Arbeit mit jungen Frauen ist es einerseits wichtig, die bereits bestehenden Konzepte und Angebote im Rahmen der Verhaltensprävention weiter auszubauen und andererseits muss die Versorgungslücke im Rahmen der Verhaltensintervention in Form von spezifisch ausgerichteten Anlaufstellen und konkreten Angeboten für junge Frauen geschlossen werden, die bereits ein negatives Körperbild entwickelt haben oder unter einer subklinischen Körperbildstörung leiden (s. Kapitel 6.1).

Unsere Handlungsempfehlungen beziehen sich in der direkten Arbeit mit den jungen Frauen also zum einen auf die **Ebene der Verhaltensprävention.** Diese schließt neben Angeboten, die die Entwicklung eines positiven Körperbildes fördern und somit auch der Vorbeugung bzw. der Verhinderung der Entstehung negativer Körperbilder sowie subklinischer oder klinischer Störungsbilder dienen, auch gleichzeitig Aufklärungsarbeit mit ein. Im Rahmen der Aufklärungsarbeit sollten Selbstreflexionsprozesse angeregt werden, die junge Frauen dazu befähigen, sich in einem offenen Umgang mit der Thematik der Körperbildbeeinträchtigungen, die im Zusammenhang mit dem gesellschaftlichen Körperideal entstehen, zu üben, sich mit dem Verhältnis zu ihrem eigenen Körper auseinanderzusetzen und sich in diesem Zusammenhang gegebenenfalls auch über eine bereits vorliegende körperbezogene Unzufriedenheit oder subklinische Körperbildstörung bewusst zu werden. Somit könnte die Aufklärungsarbeit jungen Frauen dabei helfen, ihre Körperunzufriedenheit bzw. ein negatives Körperbild nicht als selbstverständlich hinzunehmen und gegebenenfalls professionelle Unterstützung in Anspruch zu nehmen. Die Angebote der Verhaltensprävention für unsere Zielgruppe sollten sich in der Lebenswelt junger Frauen bewegen und somit z. B. in der Offenen Kinder- und Jugendarbeit und der Schulsozialarbeit stattfinden. Präventionsarbeit sollte aber auch bspw. an Berufsschulen, Fachhochschulen oder Universitäten erbracht werden, um auch Frauen im jungen Erwachsenenalter gezielt zu erreichen. Zudem wäre es ebenso wichtig, Wege zu finden, junge Frauen aus allen Bildungsschichten anzusprechen, da sich – wie deutlich wurde – die Körperbildbeeinträchtigungen relativ unabhängig vom sozioökonomischen Status entwickeln (s. Kapitel 5.2). Es wäre außerdem sinnvoll, die Präventionsarbeit langfristig anzulegen, d. h., dass sie über Workshops und Projekte hinausgeht und bspw. als fest integrierter Bestandteil von Schulunterricht angeboten wird, um nachhaltig Erfolge erzielen zu können. An dieser Stelle ist es wichtig zu betonen, dass auch, wenn die Präventionsarbeit möglichst früh, also in der Kindheit beginnen sollte, da hier die Körperwahrnehmung als früheste Selbstwahrnehmung die Basis für die Entwicklung der Identität und des Selbstkonzeptes bildet und somit hier der Grundstein für das spätere Verhältnis zum eigenen Körper gelegt wird (s. Kapitel 3.2), wir uns im Rahmen dieses Buches auch bei den Handlungsempfehlungen lediglich auf junge Frauen in der Adoleszenz und Frauen im jungen Erwachsenenalter beziehen werden. Die im weiteren Verlauf dieses Kapitels dargestellten Vorschläge bezüglich der Handlungsinhalte sind jedoch auch weitestgehend auf die Arbeit mit Kindern übertragbar.

Zum anderen beziehen sich unsere Handlungsempfehlungen auf individueller Ebene im Rahmen der **Verhaltensintervention** auf Angebote für junge Frauen, die bereits von Körperbildproblemen betroffen sind und folglich Unterstützung beim (Wieder-)Aufbau eines positiven Körperbildes benötigen. Auf dieser Ebene sollten Räume geschaffen werden, in denen junge Frauen offen über ihre Probleme, Befürchtungen und Ängste sprechen können. Denn es kann entlastend für sie sein zu merken, dass sie mit ihren Problemen nicht alleine sind. Zudem müssten auf den verschiedenen Körperbildebenen solche Wahrnehmungs,- Bewertungs,- Gefühls,- und Verhaltensmuster differenziert erkannt und gegebenenfalls aufgebrochen werden, die für die Entwicklung und Aufrechterhaltung eines negativen oder gestörten Körperbildes sowie für die unangemessen hohe Bedeutung des äußeren Erscheinungsbildes für die Selbstbewertung eine Rolle spielen.

Auch diese intervenierenden Beratungsangebote sollten zum Teil in den bereits aufgeführten Handlungsfeldern der Verhaltensprävention (s. eben) zur Verfügung gestellt oder integriert werden, um jungen Frauen, die unter Körperunzufriedenheit oder einer subklinischen Körperbildstörung leiden, entsprechende Unterstützung anbieten und sie gegebenenfalls an geeignete – noch zu schaffende – Anlaufstellen vermitteln zu können. Denn SozialarbeiterInnen kommen infolge der weiten Verbreitung von Körperunzufriedenheit und subklinischen Körperbildstörungen in ihren unterschiedlichen Handlungsfeldern und Arbeitskontexten, wie bspw. in der bereits erwähnten Kinder- und Jugendarbeit, aber auch in Beratungsstellen, zwangsläufig häufig in Kontakt mit jungen Frauen, die unter subklinischen Körperbildproblemen leiden (vgl. ebd., S. 111). Hier bieten sich also sehr gute Gelegenheiten, entsprechende Interventionsmaßnahmen anzubieten. Vor diesem Hintergrund scheint die Soziale Arbeit geradezu prädestiniert zu sein, die bisherigen Beratungs- und Angebotslücken zu schließen.

Die noch zu generierenden Anlaufstellen könnten betroffenen Frauen dann weiterführend gezielt individuelle Beratung anbieten und auch entsprechende Angebote oder Selbsthilfegruppen bereitstellen. Auch hier wird ersichtlich, dass gerade die Soziale Arbeit besonders geeignet ist, die jungen Frauen mit nicht klinisch relevanten Körperbildproblemen zu unterstützen. Denn die Selbstwert- bzw. Identitätsproblematik ist bei subklinischen Störungen im Vergleich zu ihrer Intensität bei klinischen Körperbildstörungen meist geringer ausgeprägt. Infolgedessen benötigen Frauen, die unter einer subklinischen Störung leiden, um ihre – aus sozialen Anforderungen entstandenen – individuellen Körperbildprobleme zu bewältigen sowie ihre dadurch beeinträchtigte Lebensqualität verbessern zu können, nicht vordringlich eine psychotherapeutische Begleitung, sondern in erster Linie psychosoziale Unterstützung bzw. Beratung. Hier liegt also ein klassischer Ansatzpunkt der Sozialen Arbeit vor (vgl. Wunderer 2015, S. 151; Großmaß 2009, S. 2). Zudem ist an dieser Stelle betonend darauf hinzuweisen, dass die Kontaktaufnahme mit einer sensibilisierten SozialarbeiterIn oder einer spezialisierten Beratungsstelle erfahrungsgemäß in der Regel leichter fällt als sich bspw. bei einer PsychotherapeutIn vorzustellen (vgl. Wunderer 2015, S. 111).

Zudem sollten die Zugänge zu geeigneten Anlaufstellen sowie die Angebote selbst möglichst niedrigschwellig ausgestaltet werden, um die Hemmung betroffener, hilfesuchender junger Frauen zu senken, diese Unterstützung auch tatsächlich in Anspruch zu nehmen. Eine solch niedrigschwellige Unterstützung könnte ebenso z. B. in Form von hierzu gut geeigneten Online-Beratungsangeboten erfolgen. Auch generell wäre es in unserem virtuellen Zeitalter für die Soziale Arbeit sinnvoll, vermehrt diverse Informations- und Kommunikationsmöglichkeiten durch die Nutzung moderner Kanäle wie auch sozialer Netzwerke (z. B. „Facebook") zu schaffen (vgl. Gesundheitsförderung Schweiz 2013, S. 28). So kann die Soziale Arbeit mit entsprechenden Angeboten den Zugang zu professioneller Unterstützung insgesamt erleichtern.

Die Inhalte unserer **Handlungsempfehlungen** für die Präventionsarbeit und für die Interventionsmaßnahmen für junge Frauen, die bereits von Körperbildproblemen betroffen sind, können nicht immer klar voneinander abgegrenzt werden, da es in beiden Bereichen gleichermaßen für junge Frauen bedeutend ist, Hintergrundwissen über die Thematik der Entstehung und Aufrechterhaltung von Körperbildstörungen sowie deren Vermeidung oder Rückbildung zu gewinnen. Daher werden wir im Folgenden – auf der Basis der in diesem Buch gewonnenen Erkenntnisse bezüglich der Faktoren, die bei der Entwicklung eines negativen oder gestörten Körperbildes eine Rolle spielen – einen Gesamtüberblick über die Inhalte der möglichen Angebote für die beiden Bereiche aufführen. Außerdem möchten wir an dieser Stelle ergänzend darauf hinweisen, dass SozialarbeiterInnen den folgenden Aufgaben mit einer Grundhaltung von Empathie, Wertschätzung und Kongruenz sowie auf der Basis von Ressourcenorientierung und Allparteilichkeit nachgehen sollten (vgl. Wunderer 2015, S. 187). Darüber hinaus müssten sie ihr eigenes Körperbild hinsichtlich der verschiedenen Körperbildebenen, d. h. ihre eigenen Wahrnehmungen, Bewertungen, Gefühle sowie Verhaltensweisen zu dem Thema Figur und Gewicht, reflektieren, um mit den jungen Frauen konstruktiv und integer arbeiten zu können (vgl. ebd., S. 297).

In Bezug auf das Schlankheitsideal sollten in der Aufklärungs- und Präventionsarbeit zur Vorbeugung eines negativen oder gestörten Körperbildes sowie bei den Angeboten zur Wiederherstellung eines positiven Körperbildes mit den jungen Frauen ihr eigenes Körperideal sowie das daraus resultierende Verhältnis zum eigenen Körper thematisiert und reflektiert werden. Dies beinhaltet auch, gegebenenfalls die eigene Betroffenheit bezüglich einer Körperbildproblematik überhaupt erst zu erkennen und bspw. die eigenen Erwartungen zu thematisieren, die mit dem persönlichen Ideal verbunden sind. In diesem Zusammenhang ist darauf hinzuweisen, dass das Körperideal durch die **gesellschaftlichen Rahmenbedingungen** gefördert wird und es muss aufgezeigt werden, warum dem Körper in unserem heutigen Zeitalter ein so hoher Stellenwert beigemessen wird bzw. warum mit dem perfektionierten, schönen Körper ein vermeintlicher Nutzen im privaten wie auch im beruflichen Bereich verbunden wird. Zudem sollte verdeutlicht werden, dass durch die gesellschaftlichen Einflüsse die Schönheitsarbeit in Folge von Sozialisationsprozessen zum scheinbaren Eigeninteresse uminterpretiert wird (s. Kapitel 1.1, 6.2). So wäre es wünschenswert, dass sich die jungen Frauen der Absurdität ihres Strebens, dem Schlankheitsideal gerecht zu werden, sowie der damit einhergehenden alltäglichen Praxis der Körperdisziplinierung bewusst werden.

Da das Körperideal sowie die daran gekoppelten Erwartungen auch weibliche Geschlechtsrollenstereotype vermitteln, die in Folge des Sozialisationsprozesses internalisiert werden, ist es hier – wie auch auf der gesellschaftlichen Ebene (s. Kapitel 6.2) – wichtig, eine kritische **Auseinandersetzung mit Geschlechtsrollen** anzuregen. Den jungen Frauen sollten im Zuge dessen vielfältige weibliche Rollenbilder und unterschiedliche Identifikationsmöglichkeiten angeboten werden, die über die Darstellung der „perfekten" schlanken und erfolgreichen Frau hinausgehen, um eine eigene weibliche Identität ausbilden zu können (vgl. Baumann 2009, S. 211; Wunderer 2015, S. 298 f.; Aschenbrenner 2002, S. 111). Bei diesen gendersensiblen Themen ist es sinnvoll, dass die Angebote geschlechtsspezifisch ausgelegt werden, um gezielt auf die Bedürfnisse und Anliegen junger Frauen eingehen und ihnen einen geschützten Raum hierfür bieten zu können (vgl. Wunderer 2015, S. 297).

Da das gesellschaftlich geforderte weibliche Körperideal sich durch eine extrem einseitige Körperausformung auszeichnet (s. Kapitel 2.1), ist es zudem notwendig mit den jungen Frauen die real existierende **Körpervielfalt** in den Fokus zu nehmen. Dies soll einerseits jungen Frauen ermöglichen, andere Körperformen sowie Körpergewichte wertzuschätzen und zu tolerieren, sowie andererseits zur Entwicklung einer breiteren Definition von Schönheit beitragen (vgl. Gesundheitsförderung Schweiz 2014, S. 11). Auf diese Weise soll den jungen Frauen dabei geholfen werden, eigene „gewisse Unvollkommenheiten" des Körpers zu akzeptieren, d. h. sie sollen lernen eine Abweichung ihres Körpers von dem gesellschaftlichen Ideal nicht automatisch als hässlich zu bewerten, sondern das individuell Schöne an diesen bisher eher ungeliebten Körperteilen bzw. Körperregionen zu entdecken. Darüber hinaus könnte auf diese Weise Stigmatisierungen von Übergewicht entgegengewirkt werden. Zudem sollte unbedingt aufgezeigt werden, warum es unrealistisch ist, das geforderte Schlankheitsideal zu erreichen, und dadurch auf die Widersprüchlichkeiten des Körperideals (s. Kapitel 2.3) verwiesen werden. So sollte z. B. darauf hingewiesen werden, dass die extrem schlanke Silhouette des Körperideals weitestgehend nicht mit der biologischen Variabilitätsbreite real existierender weiblicher Figuren übereinstimmt und insbesondere nicht mit der spezifisch weiblichen Fettverteilung, sowie auch darauf, dass der menschliche Körper im Gegensatz zu der scheinbar ewigen Jugend des Ideals Veränderungs- bzw. Alterungsprozessen unterliegt.

So wäre es in Anbetracht der **Anpassungs- und Integrationsleistung** (s. Kapitel 4.2), die der sich im Lebensverlauf wandelnde Körper erforderlich macht, in diesem Zusammenhang zudem sinnvoll, auch über die Bedeutung des weiblichen Fettgewebes (s. Kapitel 2.3) zu informieren und darauf aufmerksam zu machen, dass die Zunahme des Fettgewebes gerade in der Adoleszenz – sowie darüber hinaus auch körperliche Veränderungen im weiteren Lebensverlauf – ganz natürliche Entwicklungen darstellen und eine evolutionsbiologische Bedeutung erfüllen. Es wäre hilfreich, den jungen Frauen zu vermitteln, dass die gelassene und wertschätzende Akzeptanz der sich in sinnvoller und natürlicher Weise wandelnden Ausformung des weiblichen Körpers im Lebensverlauf mit Gefühlen der Befriedigung und Erfüllung einhergehen kann.

Wie in diesem Buch insgesamt deutlich wurde, stellen die Medien bei der Verbreitung und Aufrechterhaltung dieses Schlankheitsideals eine maßgebende Einflussgröße dar. Da es allerdings unwahrscheinlich ist, dass die Medien freiwillig die reale Körpervielfalt anerkennen, respektieren und fördern (s. Kapitel 6.2), und es nicht abzusehen ist, ob es zukünftig gesetzliche Bestimmungen geben wird, die die Medien dazu zwingen die Allgegenwärtigkeit des Schlankheitsideals effektiv zu reduzieren (s. eben), ist es zudem besonders wichtig, dass die jungen Frauen – die in unserer digitalisierten Welt häufig Medien nutzen (s. Kapitel 4.2) – eine inhaltlich reflektierende und kritische Haltung gegenüber den Medien einnehmen bzw. entwickeln, um das dort verbreitete Schlankheitsideal und die moralisierenden Botschaften hinterfragen zu können. Für einen solch gesunden Umgang mit Medieninhalten – und entsprechend auch für einen gesunden und schützenden Umgang mit dem eigenen Körper – ist es vor allem wichtig, die **Medienkompetenz** junger Frauen zu fördern. Medienkompetenz bedeutet die Fähigkeit, „Medienangebote vor dem Hintergrund medienbezogener Kenntnisse und der eigenen Bedürfnisse sinnvoll auszuwählen, nutzen und verarbeiten zu können, (...) Mediengestaltungen bewerten und verstehen zu können sowie die Bedingungen der Medienproduktion und -verbreitung analysierend erfassen zu können" (Baumann 2009, S. 192). So schließt die zu erzielende Medienkompetenz ebenfalls mit ein, sich von ungesunden Einflüssen der Medien und schädigenden Botschaften der Werbung zu distanzieren und diese dementsprechend auch nicht abwertend in Bezug auf die eigene Person zu deuten (vgl. ebd., S. 208). Eine Möglichkeit zur Förderung eines kritischen Umgangs mit Medien wäre, gemeinsam mit den jungen Frauen Printwerbung, Werbefilme, Videoclips, aber auch die bereits erwähnten Fernsehsendungen wie z. B. „Germany´s next Topmodel" anzuschauen, zu diskutieren und zu analysieren. Dabei sollte einerseits über die Produktionstechniken aufgeklärt und andererseits auf manipulative Intentionen der Produzenten sowie die dahinter stehenden Wirtschaftsinteressen (s. Kapitel 2.2, 6.2) hingewiesen werden. Zudem könnten die Möglichkeiten der Bildbearbeitung aufgezeigt werden. Hierdurch könnte die offensichtliche Künstlichkeit vieler attraktiver Mediendarstellerinnen offengelegt werden. So würden auch die Unterschiede zwischen diesen unrealistisch dargestellten weiblichen Figuren und den tatsächlichen, vielfältigen Körperformen und -gewichten von Frauen verdeutlicht (vgl. ebd., S. 210 f.).

Dies soll den jungen Frauen dabei helfen, sich weniger durch das – oft manipulierte – äußere Erscheinungsbild der Mediendarstellerinnen beeinflussen zu lassen. So können diese Maßnahmen dazu beitragen, durch vermehrtes Wissen und gesteigerte Aufmerksamkeit die negative Körperwahrnehmung zu reduzieren sowie das schlanke Körperideal weniger intensiv zu internalisieren, damit dieses nicht einen so hohen Stellenwert für das Selbstwertgefühl bekommt. Zudem könnte durch die bewusstere Verarbeitung von Medieninhalten ebenfalls die Neigung verringert werden, einen sozialen Aufwärtsvergleich (s. Kapitel 4.1) zwischen dem subjektiv wahrgenommenen Erscheinungsbild und dem medial verbreiteten Körperideal vorzunehmen, der wiederum zu negativen Gefühlen gegenüber dem eigenen Körper führen kann (vgl. ebd., S. 211 f.). In diesem Zusammenhang ist es auch besonders wichtig, dass die jungen Frauen eine kritischere und reflektiertere Nutzung von Internet und insbesondere sozialen Netzwerken (wie bspw. „Facebook") erlernen, da diese Plattformen zur Selbstinszenierung eingesetzt werden und somit auch soziale Vergleichsprozesse auslösen (s. Kapitel 4.1).

Weiterhin müsste jungen Frauen unbedingt nahegebracht werden, wie wichtig es ist, sich um ihren Körper zu kümmern, um langfristig gesund und glücklich leben zu können. D. h. es müsste ein Bewusstsein für einen achtsamen und wohlwollenden Umgang mit dem eigenen Körper geschaffen werden. Denn der Körper ist, wie wir in der Ausarbeitung bereits gezeigt haben, im Gegensatz zur gesellschaftlichen und medialen Darstellung kein Objekt, das man beliebig manipulieren kann (s. Kapitel 2.3). Demnach müssten die jungen Frauen auch lernen, was der Körper und die Psyche – die untrennbar miteinander verbunden sind – wirklich brauchen (s. Kapitel 3.2, 3.3) (vgl. Gesundheitsförderung Schweiz 2013, S. 33). Denn jeder Körper ist individuell und Schlanksein kann nicht mit Gesundheit gleichgesetzt werden.

Da der Wunsch, das Körperideal zu erreichen, jedoch häufig mit gesundheitsschädlichen, körperdisziplinierenden Maßnahmen wie ungesunden Diäten oder Fasten einhergeht (s. Kapitel 5.2), sollte statt der kulturell propagierten Körperkontrolle und Selbstbeherrschung eine **gesunde, ausgewogene und genussvolle Ernährung** durch selbstbestimmtes, intuitives Essen, das sich an dem natürlichen Hunger- und Sättigungsgefühl orientiert, gefördert und somit die Entwicklung eines individuellen Set-Point-Gewichts (s. Kapitel 2.3) ermöglicht werden (vgl. Wunderer 2015, S. 303). Es sollte im Gespräch mit den jungen Frauen gemeinsam das eigene Essverhalten reflektiert werden. Hierbei sollte nicht nur aufgezeigt werden, was eine gesunde Ernährung bedeutet, sondern auch darauf aufmerksam gemacht werden, auf welche Weise sich die jungen Frauen hinsichtlich ihrer Ernährung vielleicht bereits selbst schädigen. So sollte auch über die Risiken des Diätverhaltens, d. h. über mögliche physische und psychische Begleiterscheinungen aufgeklärt werden. Ebenso sollte darauf hingewiesen werden, dass sich langfristig nicht immer der gewünschte Effekt einstellt, dass also nach einer Diät aus physiologischen Gründen oft noch mehr zugenommen wird. Ernährungsaspekte sind sowohl für die Aufklärungs- und Präventionsarbeit als auch für den Wiederaufbau eines positiven Körperbildes bedeutsam. So könnten gemeinsam mit den jungen Frauen bspw. Koch-AG´s durchgeführt werden, in denen eine sinnvolle Ernährungsweise vermittelt wird.

Da sich Psyche und Körper gegenseitig beeinflussen, sollten Maßnahmen mit dem Ziel, einem negativen bzw. gestörten Körperbild vorzubeugen bzw. ein gesundes Körperbild wieder herzustellen, auch die Arbeit mit dem Körper mit einbeziehen (vgl. Gesundheitsförderung Schweiz 2013, S. 33). Somit sollten junge Frauen in der Präventionsarbeit zu **Spaß und Freude an ausreichender Bewegung** motiviert werden, damit sie eine positive Erhöhung der Selbstwirksamkeit erleben. Dabei gilt es von Seiten der SozialarbeiterInnen, immer die Gesundheit und die Fitness in den Vordergrund zu stellen und auf die Funktionalität, d. h. was der Körper alles kann, einzugehen und möglichst wenig Bezug auf Äußerlichkeiten, wie etwa das Körpergewicht oder die Figur, zu nehmen (vgl. Gesundheitsförderung Schweiz 2014, S. 13). In der Arbeit mit jungen Frauen, die bereits unter Körperbildproblemen leiden, ist es in diesem Zusammenhang wichtig, dass sie lernen, dass Sport nicht vorwiegend aus ästhetischen Gründen angestrebt, sondern in einem gesunden Maß betrieben werden sollte. Denn Sport aus „Schönheitsgründen" zu betreiben kann die körperbezogene Unzufriedenheit erhöhen (s. Kapitel 5.2).

In Bezug auf junge Frauen, die bereits pathologische Auffälligkeiten – in Form von **Vermeidungs- und Kontrollverhalten** – auf der behavioralen Ebene ihres Körperbildes (s. Kapitel 5.2) entwickelt haben, müssen Räume für emotional korrigierende Erfahrungen geschaffen werden, damit sie sich über die Bedeutung ihres Erlebens und Verhaltens bewusst werden und unrealistische und gesundheitsschädigende Einstellungen und Erwartungshaltungen bezüglich ihres Körpers aufbrechen können (vgl. Wunderer 2015, S. 298, 161). So bestünde eine Möglichkeit darin, mit den Betroffenen Konfrontationsübungen in den Alltag zu integrieren, die eine Überwindung des körperbezogenen Kontroll- und Vermeidungsverhaltens zum Ziel haben. Dafür würden individuelle Situationen und Orte in Bezug auf die jeweils damit verbundenen Kognitionen differenziert analysiert und im Anschluss gemeinsam konkrete Übungsschritte vereinbart werden (vgl. ebd., S. 351). Bei Bedarf könnte die SozialarbeiterIn die junge Frau auch begleiten und ihr in herausfordernden Situationen, in denen sie neue Verhaltensweisen ausprobiert, im wörtlichen Sinne zur Seite stehen (vgl. ebd., S. 161).

Zudem sollten die jungen Frauen wieder eine **positive Selbstwahrnehmung** durch Übungen zur Körperwahrnehmung erlernen. So können Entspannungs- und Achtsamkeitsübungen zur Förderung einer positiven Körperwahrnehmung beitragen sowie infolgedessen wieder zu einem angenehmen psychischen Erleben führen (vgl. ebd., S. 350). Auch in der Präventionsarbeit sollte die Stärkung des Körperbewusstseins durch Übungen zur Körperwahrnehmung über eine bewusste Nutzung aller Sinne miteinbezogen werden. Hier können diverse Bewegungsangebote, Sinneserfahrungen in der Natur, Körpermassagen, aber auch kreative und künstlerische Angebote, mit deren Hilfe man seine Gefühle ausdrücken kann, angeregt werden (vgl. Gesundheitsförderung Schweiz 2013, S. 27).

Da die Gesundheitsförderung nicht nur in den Zuständigkeitsbereich der Sozialen Arbeit, sondern auch in die Bereiche der Erziehungs- und Bildungsinstitutionen von Familie, Schule und Beruf fällt (s. eben), ist es an dieser Stelle in Bezug auf die Verhältnisprävention wichtig zu erwähnen, dass ebenso die Erwachsenen aus dem sozialen Umfeld miteinbezogen werden sollten. Denn Gefahren können nur effektiv verhindert werden, wenn alle Mitglieder in die Planung miteinbezogen werden (vgl. Schilling/ Zeller 2010, S. 131, 122). Somit ist für einen nachhaltigen Erfolg der Angebote für die Soziale Arbeit die Zusammenarbeit mit Lehrkräften, Erziehern sowie Eltern unbedingt notwendig. Wie auch unsere Ausführungen bezüglich verschiedener Einflussvariablen (s. Kapitel 4.2) gezeigt haben, nehmen gerade solche **Bezugspersonen,** besonders die Familie und allem voran die Eltern im Zuge der individuellen Lerngeschichte, Einfluss auf die Selbstwahrnehmung und Körperzufriedenheit junger Frauen. So sollten nicht nur die jungen Frauen sondern auch ihre Eltern dafür sensibilisiert werden, welche Bedeutung der Körper bzw. das Schlanksein in der Familie einnimmt. Da es für junge Frauen wichtig ist, von ihren Eltern akzeptiert und wertgeschätzt zu werden, sollten Eltern ihre Kinder nicht dazu auffordern, ihren Körper aus ästhetischen Gründen zu verändern, da ihnen sonst der Eindruck vermittelt werden kann, eben nicht akzeptiert, wertgeschätzt und geliebt zu werden.

Ebenso ist es sinnvoll, dass bereits Eltern, wie auch Lehrer und Erzieher, ein Vorbild für junge Frauen sind und dementsprechend eine gesunde und genussvolle Ernährung mit genügend Bewegung sowie einen guten Umgang mit dem eigenen Körper vorleben und junge Frauen ebenfalls bei der Umsetzung solchen Verhaltens unterstützen. SozialarbeiterInnen sollten Bezugspersonen demnach über die Entstehungsbedienungen eines negativen Körperbildes bzw. die Möglichkeiten der Förderung eines positiven Körperbildes aufklären und sie auch selbst in einem positiven Körperbild bestärken (vgl. Gesundheitsförderung Schweiz 2014, S. 9; Wunderer 2015, S. 303). Z. B. könnten Angebote gemeinsam mit Mutter und Tochter oder Informationsseminare nur für Eltern oder andere Bezugspersonen wie Lehrer angeboten werden.

Zudem kann es auch sinnvoll sein, bei jungen Frauen, die bereits ein negatives Körperbild haben oder unter einer subklinischen Körperbildstörung leiden, die Eltern oder aber auch andere Bezugspersonen der Betroffenen, wie bspw. den Partner, in den Beratungsprozess mit einzubeziehen (Verhaltensintervention). Des Weiteren sollten die jungen Frauen – sowie auch alle Bezugspersonen – dafür sensibilisiert werden, dass abwertende Kommentare bzw. Hänseleien zu der Entwicklung von Körperunzufriedenheit und einem negativen oder gestörten Körperbild führen können. Außerdem sollten die jungen Frauen auch den Stellenwert des körperlichen Erscheinungsbildes in ihrer Peergroup sowie in ihrer Partnerschaft – die beide im weiteren Entwicklungsverlauf abermals wichtige Einflussvariablen (s. Kapitel 4.2) darstellen – reflektieren und sich zudem darüber bewusst sein bzw. werden, dass der sogenannte „Fat Talk" eine „soziale Ansteckung" mit sich bringen kann.

Da – wie des Weiteren deutlich wurde – ein negatives oder gestörtes Körperbild eng im Zusammenhang mit einer Selbstwert- bzw. Identitätsproblematik steht, ist es besonders wichtig, das **Selbstwertgefühl** junger Frauen zu fördern. Denn ein starkes Selbstwertgefühl bietet einerseits im Sinne der Aufklärungs- und Präventionsarbeit einen guten Schutz vor der Entstehung negativer Körperbilder und fördert andererseits auch die Wiederherstellung eines positiven Körperbildes bei jungen Frauen, die bereits Körperbildprobleme entwickelt haben. Somit sollten die jungen Frauen generell erkennen, dass sie ihre Unsicherheiten in Bezug auf ihren Selbstwert und ihre Identität nicht durch die Formung des Körpers in Richtung des Schlankheitsideals kompensieren können und sich diese Vorgehensweise somit als eine fehlgeleitete Bewältigungsstrategie erweist, da auf diese Weise auch andere Identitätsbereiche vernachlässigt werden können, die eigentlich zur Stabilisierung des Selbstwertgefühls beitragen (s. Kapitel 4.2, 5.3). So muss den jungen Frauen bewusst werden, dass nicht ihr Körper an sich das Problem ist, sondern dass neben den genannten Einflüssen (bspw. durch die Eltern oder die Peergroup) die gesellschaftlichen Anforderungen zu dieser fehlgeleiteten Strategie beitragen und dieser zwangsläufig frustrierende und schädliche Versuch, den empfundenen Selbstwert durch Körperarbeit zu steigern, durch die mediale Suggestion, das Körperideal erreichen zu können, fälschlicherweise gestärkt wird. Es müsste deutlich darauf hingewiesen werden, dass eine Frau nicht, wie suggeriert wird, automatisch glücklich ist, wenn sie dem Schönheitsideal gerecht wird, sondern dass das Streben nach diesem Ideal zu Belastungen und Beeinträchtigungen in anderen Lebensbereichen führen kann. So müssten die jungen Frauen auch erkennen, dass es kein Zeichen des persönlichen Versagens ist, an den überfordernden Ansprüchen zu scheitern und dass Körperunzufriedenheit sowie subklinische Körperbildstörungen ein weit verbreitetes Phänomen darstellen, für das man sich nicht schämen muss.

Demnach sollten mit den jungen Frauen konstruktive Möglichkeiten erarbeitet werden, wie sie das eigene Selbst stützen und ihren Körper positiv erfahren können (vgl. Wunderer 2015, S. 357). Ganz im Sinne des Grundsatzes der Sozialen Arbeit, ressourcenorientiert vorzugehen, ist es dabei wichtig, dass die aktivierbaren individuellen und sozialen Stärken ermittelt werden, d. h. die Begabungen, Fähigkeiten, Fertigkeiten und das Können bestimmt, gefördert sowie ausgebaut werden und die jungen Frauen darin bestärkt werden (vgl. Schilling 2008, S. 191; Schilling/ Zeller 2010, S. 133). Denn Menschen mit einem hohen Selbstwertgefühl werden, wie sich gezeigt hat, durch die in den Medien propagierten Körperideale mit ihrem angeblich funktionellen Wert weniger stark beeinflusst (s. Kapitel 4.2) (vgl. Gesundheitsförderung Schweiz 2014, S. 10). Und darüber hinaus ist ein hohes Selbstwertgefühl auch für die Entwicklung sowie die Stabilisierung anderer Bereiche der Identität besonders wichtig, und dies ist wiederum eine gute Basis, um eine das äußere Erscheinungsbild betreffende überhöhte Bedeutungszuschreibung zu verhindern bzw. wieder abzubauen. In diesem Sinne sollten junge Frauen auch in ihren jeweils anstehenden Entwicklungsaufgaben begleitet und unterstützt werden. Es wäre wünschenswert, dass ihre – an das Streben nach einer extremen Schlankheit gekoppelte – Hoffnung auf soziale Anerkennung und Wertschätzung, also die Abhängigkeit von sozialer Bewertung, verringert wird und andere nicht nur körperbezogene Identitätsbereiche an Bedeutung gewinnen.

Um bei jungen Frauen, die von Körperbildproblemen betroffen sind, Einsichtsprozesse in Gang zu setzen, kann eine gemeinsame Perspektivenklärung dazu verhelfen, sich über bewusste und unbewusste Ziele, Sinn und Werte Klarheit zu verschaffen (vgl. Wunderer 2015, S. 161, 361). Auch durch die Unterstützung in anderen Lebensbereichen, bspw. durch eine auf beruflichen oder privaten Erfolg sowie auf die Erlangung neuer Freund- oder Partnerschaften abzielende Förderung, aber ebenso durch die Lösung eines individuellen Problems, kann der Selbstwert aufgebaut werden (vgl. Brunhoeber 2009, S. 100).

Durch ein zu starkes Beschäftigtsein mit dem Aussehen zum Zweck der Selbstwertsteigerung können zudem andere aktive **Bewältigungsstrategien** zur Abwehr selbstwertbedrohlicher Einflüsse weniger erfolgreich entwickelt werden (vgl. ebd., S. 105). Demnach sollte hierbei die Hilfe zur Selbsthilfe bei der aktiven Problembewältigung im Vordergrund stehen. So sollten die jungen Frauen dazu befähigt werden, ihre Probleme besser, d. h. unabhängiger, verantwortlicher und organisierter zu bewältigen. Demzufolge könnte ein Training zum kompetenten Umgang mit Stresssituationen und Konflikten sowie der Ausbau von Flexibilität (im Gegensatz zu Perfektionismus und Rigidität) und Bereitschaft zur konstruktiven Auseinandersetzung mit Belastungen zur Verbesserung der Bewältigungsfähigkeit beitragen (vgl. Schmitt 2009, S. 168; Wunderer 2015, S. 299).

Erste Ansätze für die Umsetzung einiger der bereits aufgeführten Handlungsempfehlungen in der Aufklärungs- und Präventionsarbeit, die sich nicht nur auf klinische Körperbildstörungen mit ihrer Essstörungssymptomatik beziehen, zeigt bspw. das Projekt „Body Talk – Fühl dich wohl in deinem Körper“. Dieser von der „Dove Aktion für mehr Selbstwertgefühl“ und dem Frankfurter Zentrum für Ess-Störungen entwickelte Workshop soll Kindern und Jugendlichen dabei helfen, ein positives Selbstwertgefühl zu entwickeln, indem sie mit ihren Gefühlen bezüglich Körper, Figur und Gewicht umzugehen lernen. Der Workshop konzentriert sich auf das Körperbild und wird bereits seit 2005 bundesweit an Schulen mit pädagogischer Begleitung durchgeführt (vgl. Frankfurter Zentrum für Ess-Störungen 2006). Darüber hinaus bietet Dove im Rahmen seines Projektes verschiedene Leitfäden zur Förderung von mehr Selbstwertgefühl an. So werden bspw. ein Workshop-Leitfaden für Lehrer oder ein Gesprächsleitfaden für Mütter von Töchtern angeboten (vgl. Unilever 2012a, 2012b). Auch die Bundeszentrale für gesundheitliche Aufklärung bietet – im Rahmen der erwähnten Initiative "Leben hat Gewicht – gemeinsam gegen den Schlankheitswahn" – in ihrer Broschüre Übungen zu den Themen Schönheit und Medien, Körper, Ernährung und Essverhalten sowie Gefühle und Selbstbewusstsein an, die kostenlos erhältlich sind (vgl. BZgA 2013). Auch wenn die aktuelle Broschüre auf Essstörungen ausgelegt ist, können hier zu den genannten Themenkreisen nützliche Anleitungen entnommen werden. Diese Leitfäden finden wir sehr hilfreich, denn sie bieten neben unseren Handlungsempfehlungen eine weitere Orientierungshilfe zur Förderung oder Wiederherstellung eines positiven Körperbildes für SozialarbeiterInnen, Lehrer, Erzieher sowie auch Eltern an.

Abschließend möchten wir nochmals betonen, dass auch, wenn in einigen Bereichen der Verhältnis- und Verhaltensprävention bereits ein Umdenken stattgefunden hat, das zu einer Vorbeugung von Körperbildproblemen beiträgt, wir die Umsetzung bzw. den Ausbau unserer vorgeschlagenen Handlungsempfehlungen als dringend erforderlich ansehen. Um nachhaltig eine Verbesserung der Lebensweisen und Lebensbedingungen für junge Frauen zu bewirken, ist es allerdings ebenso unerlässlich im Bereich der Verhaltensintervention die Frauen mit noch nicht als klinisch klassifizierten Körperbildproblemen professionell zu unterstützen.

7. Fazit

Wie wir in unserem Buch aufzeigen konnten, entfaltet sich die negative Wirkungsmacht des heutigen weiblichen Körperideals auf das subjektive Körperbild junger Frauen vor allem auf dem Hintergrund gesellschaftlicher und kulturhistorischer Bedingungen und der starken Suggestionskraft der allseits präsenten Medienbotschaften mit den dahinter stehenden wirtschaftlichen Interessen.

So internalisieren heute viele junge Frauen dieses nicht oder allenfalls auf selbstschädigendem Weg zu erreichende Schlankheitsideal aufgrund seines gesellschaftlichen und medial vermittelten funktionellen Wertes als erstrebenswert. Infolgedessen entwickeln sie – abhängig vom Ausmaß vorhandener individueller Ressourcen – Körperbildprobleme, die von körperbezogener Unzufriedenheit über deutlich subklinische bis hin zu klinischen Körperbildstörungen reichen.

Demnach weisen bereits viele junge Frauen in unterschiedlich stark ausgeprägtem Maße Auffälligkeiten auf den verschiedenen, in einem komplexen Wechselspiel miteinander stehenden Ebenen ihres Körperbildes auf (bspw. eine verzerrte Körperwahrnehmung, Abwertungen der eigenen äußeren Erscheinung, negative Gefühle gegenüber dem eigenen Körper sowie selbstschädigendes Kontroll- und Vermeidungsverhalten). Diese gehen häufig bereits mit mehr oder weniger starken körperlichen und seelischen Belastungen und Beeinträchtigungen in verschiedenen Bereichen der Lebensführung einher, auch wenn bei den Betroffenen noch gar keine – im klinischen Sinne – klassische Störung vorliegt.

Solange im Zusammenhang mit Schönheitsarbeit keine solch klassische Störung wie bspw. die Bulimia nervosa vorliegt, wird in unserer Gesellschaft das Schlankheitsstreben problematischerweise durch eine überwiegend einseitige Darstellung in den Medien als ein dem Individuum ausschließlich dienendes Streben nach Gesundheit und Wohlbefinden angesehen. Verinnerlichen Frauen auch diese realitätsverzerrende Sichtweise, mit ihrer Schönheitsarbeit allein im eigenen Interesse zu handeln, fällt es ihnen besonders schwer, ihre Körperbildprobleme auch als solche wahrzunehmen. Vor allem auch zuzugeben, den normativen Ansprüchen, die in Verbindung mit dem weiblichen Schlankheitsideal stehen, in Wahrheit gar nicht gerecht werden zu können und unter den Körperbildbeeinträchtigungen zu leiden, ist sehr schwierig für sie, da ein solches Eingeständnis mit einem drohenden Imageverlust verbunden wird. Indem die jungen Frauen – ganz so, wie es von ihnen erwartet wird – versuchen, ihre Probleme in eigener Verantwortung zu lösen, werden ihre Belastungen und Beeinträchtigungen in die private Unsichtbarkeit verlagert.

Infolgedessen wird dieses Phänomen auf öffentlich-gesellschaftlicher Ebene auch nicht als weit verbreitetes, dringliches Problem wahrgenommen – auch wenn wir in diesem Buch anhand von wissenschaftlicher Literatur sowie Studienergebnissen aufzeigen konnten, dass sich das gesellschaftliche, medial allseits verbreitete überschlanke Schönheitsideal des weiblichen Körpers in negativer Weise auf das subjektive Körperbild sehr vieler junger Frauen auswirkt.

So werden die jungen Frauen mit ihrem – weitgehend gesellschaftlich bedingten – Leidensdruck allein gelassen und bleiben, indem sie weiterhin nach einer schlanken Figur streben und die daraus folgenden Probleme individualisiert zu verarbeiten suchen, nicht nur dem Konsumverhalten treu, sondern es müssen – seitens der Regierung – auf diese Weise auch keine kostspieligen Problemlösestrategien in Betracht gezogen werden. So wundert es nicht, dass die bisherige sozialstaatliche Verhältnisprävention nicht über Hinweise auf vorliegende „gut" gemeinte Präventionskonzepte und die Aufforderung zu Selbstverpflichtungen der Werbe- und Modebranche hinausgehen. Zudem beziehen sich diese, wie auch die bereits bestehenden Maßnahmen und Angebote der Sozialen Arbeit, vor allem auf die Prävention von extremen, eher seltenen Formen der Körperbildstörung, wie bspw. von Essstörungen. Im Gegensatz hierzu veranlassen uns die ausgearbeiteten Ergebnisse zu dem Schluss, dass auch die bereits weit verbreitete Körperunzufriedenheit sowie subklinische Körperbildstörungen unbedingt als wachsendes und ernstzunehmendes Problem anzusehen sind und die betroffenen jungen Frauen dementsprechend als eigenständige Zielgruppe der Sozialen Arbeit betrachtet werden müssen. Da zudem zukünftig mit einem noch weiteren Anstieg dieser Körperbildprobleme bei jungen Frauen zu rechnen ist, ist es wichtig, jetzt zu handeln.

Da sowohl auf individueller als auch auf gesellschaftlicher Ebene dringender Handlungsbedarf besteht, muss die Soziale Arbeit zum einen auf gesellschaftspolitischer Ebene möglichst umgehend aktiver werden und auf den bestehenden Missstand der sich ausweitenden Körperbildstörungen bei jungen Frauen aufmerksam machen und durchgreifende Maßnahmen wie bspw. den Erlass wirksamer Gesetze, die Veranlassung weiterführender Forschung sowie die Initiierung und Finanzierung präventiver Projekte besonders auch im Hinblick auf die Verhältnisprävention anmahnen. Zum anderen muss der Ausbau bereits bestehender Angebote der Verhaltensprävention gefördert werden und die von uns aufgezeigte Versorgungslücke durch die Schaffung von Anlaufstellen in Form von Beratungsstellen und gezielten Angeboten bzw. Interventionsmaßnahmen geschlossen werden, um besonders jungen Frauen, die bereits unter nicht klinischen Körperbildproblemen leiden, ganz individuell hilfreiche Unterstützung anbieten zu können.

Auf der Basis der derzeitigen oben beschriebenen Situation haben wir aus unseren gewonnenen Erkenntnissen Handlungsempfehlungen abgeleitet, die SozialarbeiterInnen vorerst als Orientierungshilfe und Anregung zum Umgang mit Körperbildproblemen junger Frauen dienen sollen.

An dieser Stelle möchten wir allerdings noch einmal betonend darauf aufmerksam machen, dass neben den handlungsorientierten Maßnahmen dringend weitere Forschung zu diesem Problemfeld der gesundheitsgefährdenden Körperunzufriedenheit bzw. der subklinischen Erscheinungsformen der Körperbildstörungen bei jungen Frauen stattfinden muss, damit auch wissenschaftlich gesicherte Handlungskonzepte für die Soziale Arbeit entwickelt werden können. So wäre es sinnvoll, genauer zu untersuchen, ab wann genau bereits die Körperunzufriedenheit junger Frauen zu Belastungen führt, die als subklinisch zu bezeichnen sind und die folglich Unterstützungsbedarf generieren. So könnte bspw. mit Hilfe qualitativer Interviews das Erleben junger Frauen in Bezug auf das gesellschaftlich bedingte Schlankheitsideal mit seinen negativen Auswirkungen auf individueller Ebene weiter untersucht werden, insbesondere auch unter dem Aspekt, ab wann ein Leidensdruck Hilfe erforderlich macht. Zudem wäre es interessant weitergehend zu erforschen, welche individuellen Ressourcen – auch außer den in diesem Buch bereits aufgezeigten – junge Frauen grundsätzlich eher widerstandsfähig gegenüber gesellschaftlich bedingten und medial transportierten Überforderungen machen. (Solche Ressourcen könnten dann in den Fokus genommen werden, um die Resilienz der jungen Frauen bei Bedarf gezielt stärken zu können.) Im Hinblick auf unsere untersuchte Fragestellung wäre es außerdem interessant, weitere Aspekte des Schönheitsideals, wie bspw. jugendliches Aussehen, gebräunte oder reine Haut, Körperbehaarung usw. im Hinblick auf ihre Auswirkungen auf das Körperbild junger Frauen verstärkt in die Forschung miteinzubeziehen. Des Weiteren könnte auch sinnvollerweise untersucht werden, inwieweit sich die Forschungsergebnisse der Körperbildstörungen junger Frauen auch auf andere Populationen – wie Frauen höheren Alters bzw. Männer verschiedener Altersstufen – übertragen, lassen, d. h., z. B. zu untersuchen, inwieweit sich die Intensität und Ausformung des Störungsbildes dieser Probandengruppen von denen junger weiblicher Versuchspersonen unterscheiden oder welche Ähnlichkeiten sich finden lassen. Neben den genannten Aspekten sollte insbesondere auch das Körperideal selbst, das auf der kognitiven Körperbildebene eine hohe Stabilität aufweist, verstärkt zum Forschungsgegenstand werden und in den Handlungskonzepten schwerpunktmäßig berücksichtigt werden.

Denn nur aufgrund solch erweiterter Forschung können SozialarbeiterInnen über das für die Praxis nötige differenzierte Hintergrundwissen bezüglich des hoch komplexen Themenfeldes Körperbild bzw. Körperbildstörungen verfügen. Im Hinblick auf das Forschungsvorgehen generell ist hier anzumerken, dass eine einheitlichere Körperbildforschung angestrebt werden muss, um der verwirrenden definitorischen Begriffsvielfalt des Körperbildes entgegenzuwirken, damit die Ergebnisse in Zukunft besser vergleichbar und somit besser in die Praxis integrierbar sind.

Letztlich ist das vordringliche Anliegen dieses Buches, auf das drängende Problem der zunehmenden Körperbildprobleme junger Frauen aufmerksam zu machen und dafür zu sensibilisieren sowie durch eine vertiefende Aufarbeitung der Problematik zu einer Verbesserung der Lebensweisen sowie Lebensbedingungen beizutragen, die jungen Frauen in unserer heutigen Gesellschaft dabei hilft, ganz eigene und gesunde Körperkonzepte zu entwickeln und selbstbewusst damit zu leben.

Literatur- und Quellenverzeichnis

Aschenbrenner, Katja (2002): Subklinische Eßstörungen bei Schülern und Studenten. Epidemiologie, Symptomatik, Prädiktoren für ein gestörtes Eßverhalten, anorektische oder bulimische Tendenz. Inaugural-Dissertation, Friedrich-Schiller-Universität Jena. Online unter: URL: http://www.db-thueringen.de/servlets/DerivateServlet/Derivate-1365/DISSERTATION.pdf (letzter Zugriff: 03.07.2015)

Baumann, Eva (2009): Die Symptomatik des Medienhandelns. Zur Rolle der Medien im Kontext der Entstehung, des Verlaufs und der Bewältigung eines gestörten Essverhaltens. Köln: Herbert von Halem Verlag.

Baumann, Eva (2011): Welches Gewicht haben die Medien? Körperbild, Essstörungen und Medien. In: Bundeszentrale für politische Bildung. Online unter: URL: http://www.bpb.de/izpb/7543/wie-medien-genutzt-werden-und-was-sie-bewirken?p=3 (letzter Zugriff: 03.07.2015)

Belwe, Katharina (2007): Editorial. In: Aus Politik und Zeitgeschichte. Körperkult und Schönheitswahn Nr. 18/2007, S. 2. Online unter: URL: http://www.bpb.de/system/files/pdf/SYTVAQ.pdf (letzter Zugriff: 03.07.2015)

Bette, Karl-Heinrich (2005): Körperspuren. Zur Semantik und Paradoxie moderner Körperlichkeit. 2. Aufl. Bielefeld: transcript Verlag.

Bielefeld, Jürgen (1991): Zur Begrifflichkeit und Strukturierung der Auseinandersetzung mit dem eigenen Körper. In: Bielefeld, Jürgen (Hrsg.): Körpererfahrung. Grundlagen menschlichen Bewegungsverhaltens. 2. Aufl. Göttingen: Hogrefe Verlag, S. 3-33.

Bischoff, Angelika (2014): Haut als Spiegel der Seele. In: Medical Tribune. Online unter: URL: http://www.medical-tribune.de/medizin/fokus-medizin/artikeldetail/haut-als-spiegel-der-seele.html (letzter Zugriff: 03.07.2015)

Boothe, Brigitte/ Riecher-Rössler, Anita (2013): Frauen in Psychotherapie. Grundlagen – Störungsbilder – Behandlungskonzepte. Stuttgart: Schattauer Verlag.

Brunhoeber, Stefan (2009): Kognitive Verhaltenstherapie bei Körperdysmorpher Störung. Ein Therapiemanual. Göttingen: Hogrefe Verlag.

Bundesministerium für Gesundheit (2008): „Leben hat Gewicht“. Online unter: URL: http://www.bmg.bund.de/themen/praevention/gesundheitsgefahren/essstoerung/leben-hat-gewicht/ueber-die-initiative.html (letzter Zugriff: 03.07.2015)

Bundeszentrale für gesundheitliche Aufklärung (BZgA) (2013): Essstörungen vorbeugen. Informationen und Übungen für die Gruppenarbeit. Online unter: URL: http://www.bzga.de/botmed_35231300.html (letzter Zugriff: 03.07.2015)

Bundeszentrale für gesundheitliche Aufklärung (BZgA) (2015): Wie häufig kommen Essstörungen vor? Online unter: URL: http://www.bzga-essstoerungen.de/index.php?id=44 (letzter Zugriff: 03.07.2015)

Busch, Alexander (2008): Werbefreies São Paulo. Rückkehr der Nacht. In: WirtschaftsWoche. Online unter: URL: http://www.wiwo.de/unternehmen/dienstleister/werbefreies-so-paulo-rueckkehr-der-nacht/5341932.html (letzter Zugriff: 03.07.2015)

Daig, Isolde (2006): Male Gender Role Dysfunction – Selbstdarstellung, Geschlechtsrollenstress und Gesundheitsrisiko bei Männern im Altersvergleich. Inaugural-Dissertation, Freie Universität Berlin. Online unter: URL: http://www.diss.fu-berlin.de/diss/receive/FUDISS_thesis_000000002012 (letzter Zugriff: 03.07.2015)

Daszkowski, Alexandra (2003): Das Körperbild bei Frauen und Männern. Evolutionstheoretische und kulturelle Faktoren. Marburg: Tectum Verlag.

Deutscher Berufsverband für Soziale Arbeit e.V. (DBSH) (2009): Grundlagen für die Arbeit des DBSH e.V. Online unter: URL: http://www.dbsh.de/fileadmin/downloads/grundlagenheft-PDF-klein_01.pdf (letzter Zugriff: 03.07.2015)

Deutsche Hauptstelle für Suchtfragen e.V. (DHS) (2012): Essstörungen. Suchtmedizinische Reihe Band 3. Online unter: URL: http://www.dhs.de/fileadmin/user_upload/pdf/Broschueren/Suchtmed_Reihe_3_Essstoerungen_2013.pdf (letzter Zugriff: 03.07.2015)

Endres, Eva-Maria (2012): Genussrevolte. Von der Diät zu einer neuen Esskultur. Wiesbaden: Springer Fachmedien.

Frankfurter Zentrum für Ess-Störungen (2006): body talk. Online unter: URL: http://www.essstoerungen-frankfurt.de/bodytalk/ (letzter Zugriff: 03.07.2015)

Galuske, Michael (2011): Methoden der Sozialen Arbeit. Eine Einführung. 9. Aufl. Weinheim und München: Juventa Verlag.

Gartmann, Kerstin (2008): Der Einfluss der werbemedialen Kommunikation weiblicher Schlankheitsideale auf körperbildrelevante Größen der Frau: Eine experimentelle Studie. Inaugural-Dissertation, Universität zu Osnabrück. Online unter: URL: http://d-nb.info/992596289/34 (letzter Zugriff: 03.07.2015)

Gesundheitsförderung Schweiz (2013): Gesundes Körperbild – Healthy Body Image. Arbeitspapier 3. Online unter: URL: http://gesundheitsfoerderung.ch/assets/public/documents/1_de/d-ueber-uns/5-downloads/Arbeitspapier_003_GFCH_2013-03-Healthy-Body-Image.pdf (letzter Zugriff: 03.07.2015)

Gesundheitsförderung Schweiz (2014): Positives Körperbild bei Jugendlichen. Arbeitspapier 29. Online unter: URL: http://gesundheitsfoerderung.ch/assets/public/documents/1_de/d-ueber-uns/5-downloads/Arbeitspapier_029_GFCH_2014-12-Positives_Koerperbild_bei_Jugendlichen.pdf (letzter Zugriff: 03.07.2015)

Goethe, Elin (2013): Narziss und Fischmund: Selfies dokumentieren unser Ideal von Schönheit. In: STURM und DRANG. Online unter: URL: http://sturmunddrang.de/digest/narziss-und-fischmund-selfies-dokumentieren-unser-ideal-von-schonheit/ (letzter Zugriff: 03.07.2015)

Götz, Maya (2014): Wenn Barbie zu dick wird. In: impu!se für Gesundheitsförderung. Selbstoptimierung und Gesundheit Nr. 83/2014, S. 4 f. Online unter: URL: http://www.gesundheit-nds.de/CMS/images/stories/PDFs/LVG-Zeitschrift-Nr 83-Web.pdf (letzter Zugriff: 03.07.2015)

Großmaß, Ruth (2009): Beratung als Querschnittsaufgabe der Sozialen Arbeit – Folgerungen für das Setting. In: Alice Salomon Hochschule Berlin. Online unter: URL: http://www.ash-berlin.eu/hsl/freedocs/197/beratungssettings.pdf (letzter Zugriff: 03.07.2015)

Gugutzer, Robert (2005): Der Körper als Identitätsmedium: Eßstörungen. In: Schroer, Markus (Hrsg.): Soziologie des Körpers. Frankfurt am Main: Suhrkamp Verlag, S. 323-355.

Gugutzer, Robert (2007): Körperkult und Schönheitswahn – Wider den Zeitgeist. In: Aus Politik und Zeitgeschichte. Körperkult und Schönheitswahn Nr. 18/2007, S. 3-6. Online unter: URL: http://www.bpb.de/system/files/pdf/SYTVAQ.pdf (letzter Zugriff: 03.07.2015)

Gugutzer, Robert (2013): Soziologie des Körpers. 4. Aufl. Bielefeld: transcript Verlag.

Gugutzer, Robert (2014): Das Unbehagen an der Selbstoptimierungskultur. In: impu!se für Gesundheitsförderung. Selbstoptimierung und Gesundheit Nr. 83/2014, S. 2 f. Online unter: URL: http://www.gesundheit-nds.de/CMS/images/stories/PDFs/LVG-Zeitschrift-Nr 83-Web.pdf (letzter Zugriff: 03.07.2015)

HBSC-Team Deutschland (2011): Studie Health Behaviour in School-aged Children – Faktenblatt „Körperbild und Diätverhalten von Kindern und Jugendlichen". Bielefeld: WHO Collaborating Centre for Child and Adolescent Health Promotion. Online unter: URL: https://www.gbe-bund.de/pdf/Faktenbl_koerperbild_diaetverhalten.pdf (letzter Zugriff: 03.07.2015)

Heiner, Maja (2010): Soziale Arbeit als Beruf. Fälle – Felder – Fähigkeiten. 2. Aufl. München: Reinhardt Verlag.

Herpertz, Stephan/ de Zwaan, Martina/ Zipfel, Stephan (2008): Handbuch Essstörungen und Adipositas. Heidelberg: Springer Medizin Verlag.

Hillmann, Karl-Heinz (2007): Wörterbuch der Soziologie. 5. Aufl. Stuttgart: Kröner Verlag.

Internationales Zentralinstitut für das Jugend- und Bildungsfernsehen (IZI) (2015): Die Sendung Germany's Next Topmodel kann Essstörungen verstärken. Online unter: URL: http://www.br-online.de/jugend/izi/deutsch/presse/Pressemitteilungen/PM-2015/PM_Essst%C3%B6rung_und_Fernsehsendungen_2015_end.pdf (letzter Zugriff: 03.07.2015)

Jawhari, Julia (2011): Sozialer Vergleich mit idealisierten Körperbildern: Motive, Mechanismen und Effekte. Zürich: Grin Verlag.

Kalke, Jens/ Buth, Sven (2009): Verhältnisorientierte Suchtprävention. In: proJugend Nr. 3/2009, S. 4-8. Online unter: URL: http://www.bayern.jugendschutz.de/projugend/datei.aspx?InDID=7829&G=1118447&a=b (letzter Zugriff: 03.07.2015)

Kiehl, Katrin (2010): Risikofaktoren für Essstörungen unter besonderer Berücksichtigung medialer Einflussfaktoren. Inaugural-Dissertation, Universität Regensburg. Online unter: URL: http://epub.uni-regensburg.de/19703/1/Dissertation_Katrin_Kiehl.pdf (letzter Zugriff: 03.07.2015)

Klein, Thomas (2003): Selbstkonzept und Coping-Prozesse bei Patienten nach einer Amputation. Eine Längsschnittstudie zur Entwicklung des Selbstkonzepts und zum Prozess der Bewältigung bei Patienten nach einer Beinamputation. Inaugural-Dissertation, Universität Dortmund. Online unter: URL: https://eldorado.tu-dortmund.de/bitstream/2003/2923/2/Kleinbis 378neu.pdf (letzter Zugriff: 03.07.2015)

Kluge, Norbert (Hrsg.)/ Hippchen, Gisela/ Fischinger, Elisabeth (1999): Körper und Schönheit als soziale Leitbilder. Ergebnisse einer Repräsentativerhebung in West- und Ostdeutschland. Frankfurt am Main: Peter Lang Verlag.

Kramper, Gernot (2013): Thigh Gap – nur schön mit Lücke. In: Stern. Online unter: URL: http://www.stern.de/lifestyle/mode/gefaehrlicher-schoenheitskult-thigh-gap-nur-schoen-mit-luecke-2070585.html (letzter Zugriff: 03.07.2015)

Kreikebaum, Susanne P. (1999): Körperbild, Körperzufriedenheit, Diätverhalten und Selbstwert bei Mädchen und Jungen im Alter von sieben bis dreizehn Jahren. Eine interkulturelle Vergleichsstudie (USA – D) und Längsschnittuntersuchung (D). Inaugural-Dissertation, Universität zu Köln. Online unter: URL: http://kups.ub.uni-koeln.de/543/ (letzter Zugriff: 03.07.2015)

Küchenhoff, Joachim/ Agarwalla, Puspa (2013): Körperbild und Persönlichkeit. Die klinische Evaluation des Körpererlebens mit der Körperbild-Liste. 2. Aufl. Berlin,Heidelberg: Springer Verlag.

Kuhlmann, Christoph/ Hoppe, Imke (2012): Ideal-Selbst, Real-Selbst und Mediennutzung. In: Technische Universität Ilmenau. Online unter: URL: http://www.db-thueringen.de/servlets/DerivateServlet/Derivate-25495/ilm1-2012200124.pdf (letzter Zugriff: 03.07.2015)

McRobbie, Angela (2010): Top Girls. Feminismus und der Aufstieg des neoliberalen Geschlechterregimes. Wiesbaden: VS Verlag für Sozialwissenschaften.

Menninghaus, Winfried (2007): Der Preis der Schönheit: Nutzen und Lasten ihrer Verehrung. In: Bundeszentrale für politische Bildung. Online unter: URL: http://www.bpb.de/apuz/30512/der-preis-der-schoenheit-nutzen-und-lasten-ihrer-verehrung (letzter Zugriff: 03.07.2015)

Mohr, Andreas (2010): Veränderung von Körperwahrnehmung und Körperzufriedenheit im Verlauf einer stationären psychosomatischen Behandlung bei Patientinnen mit Anorexia nervosa und Bulimia nervosa. Inaugural-Dissertation, Universität zu Lübeck. Online unter: URL: http://www.students.informatik.uni-luebeck.de/zhb/ediss988.pdf (letzter Zugriff: 03.07.2015)

Plinz-Wittorf, Claudia/ Heindl, Ines (2014): Körperbilder und ihre kommunikative Bedeutung – Berücksichtigung der personalisierten Ernährung. In: impu!se für Gesundheitsförderung. Selbstoptimierung und Gesundheit Nr. 83/2014, S. 10. Online unter: URL: http://www.gesundheit-nds.de/CMS/images/stories/PDFs/LVG-Zeitschrift-Nr 83-Web.pdf (letzter Zugriff: 03.07.2015)

Pöhlmann, Karin/ Joraschky, Peter (2006): Körperbild und Körperbildstörungen: Der Körper als gestaltbare Identitätskomponente. In: Psychotherapie im Dialog Nr. 2/2007, S. 191-195.

Posch, Waltraud (1999): Körper machen Leute. Der Kult um die Schönheit. Frankfurt: Campus Verlag.

Posch, Waltraud (2009): Projekt Körper. Wie der Kult um die Schönheit unser Leben prägt. Frankfurt am Main: Campus Verlag.

Rohrhofer, Barbara (2013): Gefährlicher Trend zur Schenkel-Lücke. In: nachrichten.at. Online unter: URL: http://www.nachrichten.at/nachrichten/society/Gefaehrlicher-Trend-zur-Schenkel-Luecke;art411,1247961 (letzter Zugriff: 03.07.2015)

Röhricht, Frank/ Seidler, Klaus-Peter/ Joraschky, Peter (2005): Konsensuspapier zur terminologischen Abgrenzung von Teilaspekten des Körpererlebens in Forschung und Praxis: In: Psychotherapie, Psychosomatik, medizinische Psychologie Nr. 3-4/2005, S. 183-190.

Roth, Anna-Lena (2015): Gesetz gegen Magermodels in Frankreich: Ein netter Versuch. In: Spiegel Online. Online unter: URL: http://www.spiegel.de/panorama/gesellschaft/frankreich-paris-entscheidet-ueber-gesetz-gegen-magermodels-a-1028496.html (letzter Zugriff: 03.07.2015)

Schemer, Christian (2006): Die Medien als heimliche Verführer? Der Einfluss attraktiver Medienpersonen auf das Körperbild von Rezipientinnen und Rezipienten. In: Forum Sexualaufklärung und Familienplanung Nr. 1/2006, S. 12-15. Online unter: URL: http://www.medienrezeption.ch/sites/default/files/173.pdf (letzter Zugriff: 03.07.2015)

Schilling, Johannes (2008): Didaktik/ Methodik Sozialer Arbeit. Grundlagen und Konzepte. 5. Aufl. München: Ernst Reinhardt Verlag.

Schilling, Johannes/ Zeller Susanne (2010): Soziale Arbeit. Geschichte – Theorie – Profession. 4. Aufl. München: Ernst Reinhardt Verlag.

Schmitt, Verena (2009): Körpereinsatz. Essstörungen. Die stumme weibliche Protestbewegung. Erscheinungsformen – Hintergründe – Behandlung. Norderstedt: Verlag Norden Media.

Schöngen, Dorothée (2005): Die Entwicklung jugendlicher Identität in Abhängigkeit von der elterlichen Identität unter Berücksichtigung der elterlichen Erziehung als Einflussvariable. Inaugural-Dissertation, Universität zu Köln. Online unter: URL: http://kups.ub.uni-koeln.de/1773/ (letzter Zugriff: 03.07.2015)

Stahr, Ingeborg/ Barb-Priebe, Ingrid/ Schulz, Elke (2003): Essstörungen und die Suche nach Identität. Ursachen, Entwicklungen und Behandlungsmöglichkeiten. 3. Aufl. Weinheim und München: Juventa Verlag.

Thies, Christine J. (1998): Bulimie als soziokulturelles Phänomen. Pfaffenweiler: Centaurus-Verlagsgesellschaft.

Thole, Werner (2012): Grundriss Soziale Arbeit. Ein einführendes Handbuch. 4. Aufl. VS Verlag für Sozialwissenschaften.

Unilever (2015): Studie: Die ganze Wahrheit über Schönheit. Online unter: URL: http://www.dove.de/de/Tipps-Themen-and-Artikel/Tipps-and-Rat/Die-ganze-Wahrheit-uber-Schonheit.aspx (letzter Zugriff: 03.07.2015)

Unilever (2012 a): Dove Workshop-Leitfaden. Für Lehrer von Mädchen & Jungen im Alter von 11 bis 14 Jahren. Online unter: URL: http://www.dove.de/de/Resources/Others/PDF/03_Workshop%20guide_Teachers-DE%20 v 2-DKKD_3Einzelseiten.pdf (letzter Zugriff: 03.07.2015)

Unilever (2012 b): Gesprächs-Leitfaden für mehr Selbstwertgefühl für Mütter von Töchtern im Alter von 11 bis 16 Jahren. Online unter: URL: http://www.dove.de/de/Resources/Others/PDF/02_Discussion_guide_Mothers_DE_v 2a_ DKKD _3Einzelseiten.pdf (letzter Zugriff: 03.07.2015)

Universität Bielefeld (2012): Deutsche Jugendliche finden sich zu dick. In: uni.aktuell. Online unter: URL: http://ekvv.uni-bielefeld.de/blog/uniaktuell/entry/deutsche_jugendliche_finden_sich_zu (letzter Zugriff: 03.07.2015)

Universität Leibzig (2012): Stigmatisierung in den Medien. Online unter: URL: http://www.adipositasstigma.de/stigmatisierung/medien.php (letzter Zugriff: 03.07.2015)

Vocks, Silja/ Legenbauer, Tanja (2005): Körperbildtherapie bei Anorexia und Bulimia Nervosa. Ein kognitiv-verhaltenstherapeutisches Behandlungsprogramm. Göttingen: Hogrefe Verlag.

Vocks, Silja/ Legenbauer, Tanja/ Troje, Nikolaus/ Schulte, Dietmar (2006): Körperbildtherapie bei Essstörungen. Beeinflussung der perzeptiven, kognitiv-affektiven und behavioralen Körperbildkomponente. In: Zeitschrift für Klinische Psychologie und Psychotherapie Sonderauflage Nr. 1/2006, S. 286-295. Online unter: URL: http://www.biomotionlab.ca/Text/VocksZKPP06.pdf (letzter Zugriff: 03.07.2015)

Wunderer, Eva (2015): Praxishandbuch Soziale Arbeit mit Menschen mit Essstörungen. Weinheim und Basel: Beltz Juventa Verlag.

Zimmer, Renate (2003): Körpererleben und Identität. In: FORUM Online. Sexualaufklärung, Verhütung und Familienplanung. Online unter: URL: https://forum.sexualaufklaerung.de/index.php?docid=462 (letzter Zugriff: 03.07.2015)

Abstract

Das vorliegende Buch beschäftigt sich mit der Frage, inwieweit sich das gesellschaftliche, medial flächendeckend verbreitete Körperideal auf das subjektive Körperbild junger Frauen auswirkt. Hierzu werden die Hintergründe beleuchtet, die dazu beitragen, dass sich insbesondere junge Frauen an dem heutigen durch seine Schlankheit geprägte Körperideal orientieren und dieses als ein im eigenen Interesse liegendes, erstrebenswertes Ziel internalisieren. Anhand von Fachliteratur sowie unter Hinzuziehung wissenschaftlicher Studien wird durch die nähere Betrachtung des komplexen Konstrukts des subjektiven Körperbildes erläutert, wie sich das weibliche Körperideal auf dem Hintergrund gesellschaftlicher Bedingungen und unter dem Einfluss der Medien sowie unter Einbezug weiterer individueller Einflussvariablen im Einzelnen auf den verschiedenen Körperbildebenen auswirken kann. Es wird deutlich, dass in Folge dieser Auswirkungen viele junge Frauen unter Körperunzufriedenheit sowie subklinischen Körperbildstörungen leiden, die auch losgelöst von klinischen Störungsbildern bereits zu mehrfachen physischen und psychischen Beeinträchtigungen und Belastungen in verschiedenen Lebensbereichen führen können. Problematischerweise werden diese Formen der Körperbildprobleme von den betroffenen jungen Frauen häufig nicht als solche wahrgenommen oder auch verheimlicht, und dementsprechend finden sie auch im gesellschaftlichen und öffentlichen Bewusstsein, in der Forschung sowie als Handlungsfeld in der Sozialen Arbeit immer noch zu wenig Beachtung. So ist das Ziel dieses Buches, auf diese Problematik aufmerksam zu machen, die weit verbreitete Körperunzufriedenheit sowie subklinische Körperbildstörungen als wachsendes und ernst zu nehmendes öffentliches Problem sowie als eigenständiges Handlungsfeld der Sozialen Arbeit anzuerkennen, und durch die Formulierung von Handlungsempfehlungen auf gesellschaftlicher und individueller Ebene einen Beitrag zur Schließung dieser Versorgungslücke durch die Soziale Arbeit zu leisten.

Anhang

Anhang 1: Body-Mass-Index (BMI)

Der Body-Mass-Index (BMI) dient zur Ermittlung und Bewertung des Gewichts einer Person. Er wird aus dem Gewicht (kg), geteilt durch die Größe im Quadrat (m^2), berechnet.

$$\text{Beispiel: } \frac{65\ \text{kg}}{1{,}70\ \text{m}^2} = 22{,}5\ \text{(BMI)}$$

Die Weltgesundheitsorganisation (WHO 2000) unterscheidet folgende Gewichtsklassen:

BMI < 18,5 kg/m^2	=>	Untergewicht
BMI 18,5–24,9 kg/m^2	=>	Normalgewicht
BMI 25–29,9 kg/m^2	=>	Übergewicht, Präadipositas
BMI 30–34,9 kg/m^2	=>	Adipositas Grad I
BMI 35–39,9 kg/m^2	=>	Adipositas Grad II
BMI > 40 kg/m^2	=>	Extreme Adipositas, Grad III

Quelle: Wunderer, Eva (2015): Praxishandbuch Soziale Arbeit mit Menschen mit Essstörungen. Weinheim und Basel: Beltz Juventa, S. 33.

Anhang 2: Diagnostische Kriterien

Anhang 2.1: Körperdysmorphe Störung

Hypochondrische Störung nach ICD-10:

A: Entweder 1. oder 2.:

1. Eine mindestens sechs Monate anhaltende Überzeugung, an höchstens zwei schweren körperlichen Krankheiten (von denen mindestens eine speziell von dem Patienten benannt sein muss) zu leiden.
2. Anhaltende Beschäftigung mit einer vom Betroffenen angenommenen Entstellung oder Missbildung (dysmorphophobe Störung).

B: Die ständige Sorge um diese Überzeugung und um die Symptome verursacht andauerndes Leiden oder eine Störung des alltäglichen Lebens und veranlasst die Patienten, um medizinische Behandlungen oder Untersuchungen (oder entsprechende Hilfe von Laienheilern) nachzusuchen.

C: Hartnäckige Weigerung, die medizinische Feststellung zu akzeptieren, dass keine ausreichende körperliche Ursache für die körperlichen Symptome bzw. Entstellungen vorliegt. Akzeptanz der ärztlichen Mitteilung allenfalls für kurze Zeiträume bis zu einigen Wochen oder unmittelbar nach einer medizinischen Untersuchung.

D: Häufigstes Ausschlusskriterium: Die Störung tritt nicht ausschließlich während einer Schizophrenie oder einer verwandten Störung (F20–F29), insbesondere F22 oder einer affektiven Störung (F30–F39) auf.

Diagnostische Kriterien des DSM-IV:

Kriterium A: Es besteht eine übermäßige Beschäftigung mit einem eingebildeten Mangel oder einer Entstellung in der äußeren Erscheinung. Bei einer eventuell vorhandenen leichten Anomalie ist die Besorgnis stark übertrieben.

Kriterium B: Die übermäßige Beschäftigung verursacht in klinisch bedeutsamer Weise Leidenszustände oder Beeinträchtigungen in sozialen, beruflichen oder anderen wichtigen Funktionsbereichen.

Kriterium C: Die übermäßige Beschäftigung wird nicht durch eine andere psychische Störung (z. B. Unzufriedenheit mit dem Körper bei Anorexia Nervosa) besser erklärt.

Quelle: Brunhoeber, Stefan (2009): Kognitive Verhaltenstherapie bei Körperdysmorpher Störung. Ein Therapiemanual. Göttingen: Hogrefe Verlag, S. 12 f.

Anhang 2.2: Bulimia nervosa

Diagnostische Kriterien der Bulimia nervosa	
ICD-10 (F 50.2)	**DSM-5 (DSM-IV:307.51)**
Essanfälle	
1. Eine andauernde Beschäftigung mit Essen, eine unwiderstehliche Gier nach Nahrungsmitteln; die/der Betroffene erliegt Essattacken, bei denen große Mengen Nahrung in sehr kurzer Zeit konsumiert werden.	A. Wiederholte Episoden von Binge Eating (Essanfällen). Eine Episode von Essanfällen ist durch die beiden folgenden Kriterien charakterisiert: 1) Essen einer Nahrungsmenge in einem abgrenzbaren Zeitraum (z. B. in einem zweistündigen Zeitraum), die definitiv größer ist als die meisten Menschen in einem ähnlichen Zeitraum unter ähnlichen Umständen essen würden. 2) Ein Gefühl des Kontrollverlustes über das Essen während der Episode (z. B. ein Gefühl, dass man nicht mit dem Essen aufhören kann bzw. nicht kontrollieren kann, was und wie viel man isst).
Kompensatorische Maßnahmen	
2. Der/die Betroffene versucht, dem dick-machenden Effekt der Nahrung durch verschiedene Verhaltensweisen entgegenzusteuern: - selbstinduziertes Erbrechen - Missbrauch von Abführmitteln - zeitweilige Hungerperioden - Gebrauch von Appetitzüglern, Schilddrüsenpräparaten oder Diuretika. Wenn die Bulimie bei Diabetikerinnen auftritt, kann es zu einer Vernachlässigung der Insulinbehandlung kommen.	B. Wiederholte unangemessene kompensatorische Verhaltensweisen, um eine Gewichtszunahme zu verhindern, wie beispielsweise selbstinduziertes Erbrechen, Missbrauch von Abführmitteln, Diuretika oder anderen Medikamenten, Fasten oder exzessive körperliche Betätigung.
Chronizität	
	C. Binge Eating (Essanfälle) und unangemessene kompensatorische Verhaltensweisen treten beide durchschnittlich mindestens einmal pro Woche über drei Monate hinweg auf.
„Gewichtsphobie“, Einfluss Körperbild auf Selbstachtung	
3. Es besteht eine krankhafte Furcht davor, dick zu werden; die/der Betroffene setzt sich eine scharf definierte Gewichtsgrenze, weit unter dem prämorbiden, vom Arzt als optimal oder „gesund“ betrachteten Gewicht.	D. Die Selbstbewertung wird in übertriebenem Maße von Körperform und -gewicht abhängig gemacht.

Abgrenzung zur Anorexia nervosa	
3. Häufig lässt sich in der Vorgeschichte mit einem Intervall von einigen Monaten bis zu mehreren Jahren eine Episode einer Anorexia nervosa nachweisen.	E. Die Störung tritt nicht ausschließlich während Episoden einer Anorexia nervosa auf.

Quelle: Wunderer, Eva (2015): Praxishandbuch Soziale Arbeit mit Menschen mit Essstörungen. Weinheim und Basel: Beltz Juventa, S. 45 f.

Anhang 2.3: Anorexia nervosa

Diagnostische Kriterien der Anorexia nervosa	
ICD-10 (F 50.0)	**DSM-5 (DSM-IV:307.1)**
Untergewicht	
1. Tatsächliches Körpergewicht mindestens 15% unter dem erwarteten Gewicht (entweder durch Gewichtsverlust oder nie erreichtes Gewicht) oder Body-Mass-Index von 17,5 kg/m² oder weniger. Bei Betroffenen in der Vorpubertät kann die erwartete Gewichtszunahme während der Wachstumsperiode ausbleiben. 2. Der Gewichtsverlust ist selbst herbeigeführt durch: a) Vermeidung von hochkalorischen Speisen sowie eine oder mehrere der folgenden Verhaltensweisen: b) selbstinduziertes Erbrechen c) selbstinduziertes Abführen d) übertriebene körperliche Aktivität e) Gebrauch von Appetitzüglern oder Diuretika.	A. Einschränkung der Nahrungsaufnahme relativ zum Bedarf, was zu einem signifikant erniedrigten Körpergewicht führt unter Berücksichtigung von Alter, Geschlecht, bisheriger Entwicklung und körperlicher Gesundheit. Signifikant erniedrigtes Gewicht ist definiert als ein Gewicht, das unter einem minimalen Normalgewicht liegt, oder, bei Kindern und Adoleszenten, unter dem minimal zu erwartenden Körpergewicht. B. (siehe unten)…, oder persistierendes Verhalten, das mit einer Gewichtszunahme interferiert, trotz bestehenden Untergewichts.
Störung des Körperbildes bzw. „Gewichtsphobie“	
3. Körperschemastörung in Form einer spezifischen psychischen Störung: die Angst, zu dick zu werden, besteht als eine tiefverwurzelte überwertige Idee; die Betroffenen legen eine sehr niedrige Gewichtsschwelle für sich selbst fest.	B. Ausgeprägte Ängste vor einer Gewichtszunahme oder davor, dick zu werden, oder… (siehe oben) C. Störung in der Wahrnehmung der eigenen Figur und des Körpergewichts, übertriebener Einfluss des Körpergewichts oder der Figur auf die Selbstbewertung oder persistierendes Nichterkennen des Schweregrades des gegenwärtigen geringen Körpergewichts.
Endokrine Störung	
4. Eine endokrine Störung auf der Hypotha-lamus-Hypophysen-Gonaden-Achse. Sie manifestiert sich bei Frauen als Amenorrhoe und bei Männern als Libido- und Potenzverlust. Erhöhte Wachstumshormon- und Kortisolspiegel, Änderungen des peripheren Metabolismus von Schilddrüsenhormonen und Störungen der Insulinsekretion können gleichfalls vorliegen.	

Entwicklungsverzögerung bei präpuberalem Beginn	
5. Bei Beginn der Erkrankung vor der Pubertät ist die Abfolge der pubertären Entwicklungsschritte verzögert oder gehemmt.	
Untertypen	
F 50.00: Anorexie ohne aktive Maßnahmen zur Gewichtsabnahme (Erbrechen, Abführen etc.) - dazugehörige Begriffe: asketische Form der Anorexie, passive Form der Anorexie, restriktive Form der Anorexie. **F 50.01:** Anorexie mit aktiven Maßnahmen zur Gewichtsabnahme (Erbrechen, Abführen etc. u. U. in Verbindung mit Heißhungerattacken) - dazugehörige Begriffe: aktive Form der Anorexie, bulimische Form der Anorexie.	**Restriktiver Typ:** Während der vergangenen drei Monate zeigte die/der Betroffene keine wiederkehrenden Episoden von Binge Eating oder Purging-Verhalten (d. h. selbstinduziertes Erbrechen oder Missbrauch von Laxantien, Diuretika oder Klistieren). Dieser Subtyp beschreibt Formen, bei denen der Gewichtsverlust vorwiegend durch Diäthalten, Fasten und/oder exzessive körperliche Betätigung herbeigeführt wird. **Binge-Eating/PurgingTyp:** Während der vergangenen drei Monate zeigte die/der Betroffene wiederkehrende Episoden von Binge Eating oder Purging-Verhalten (d. h. selbstinduziertes Erbrechen oder Missbrauch von Laxantien, Diuretika oder Klistieren).

Quelle: Wunderer, Eva (2015): Praxishandbuch Soziale Arbeit mit Menschen mit Essstörungen. Weinheim und Basel: Beltz Juventa, S. 35 f.

Anhang 2.4: Muskeldysmorphophobie

Definitionskriterien einer Muskeldysmorphophobie (nach Pope et al. 1997):

1. Die Person ist in ständiger Sorge, dass der eigene Körper nicht stark oder muskulös genug sein könnte. Typische Verhaltensweisen sind ein ausgedehntes Training mit Gewichten und strenges Einhalten spezieller Diäten.
2. Die ständige Sorge verursacht bedeutsame Leidenszustände oder Beeinträchtigungen in sozialen, beruflichen oder anderen wichtigen Funktionsbereichen. Mindestens zwei der nachfolgenden vier Kriterien müssen dabei erfüllt sein:
   a) Die ständige Beschäftigung mit dem eigenen Aussehen, das Durchführen von Trainingseinheiten sowie das Diätverhalten führen dazu, dass die Person wichtige berufliche, soziale oder andere Aktivitäten vernachlässigt.
   b) Die Person vermeidet es, den eigenen Körper in der Öffentlichkeit zu zeigen, ist dies jedoch nicht möglich, treten starke Angstgefühle und Verzweiflung auf.
   c) Die ständige Sorge über die eigene Statur oder den Umfang an Muskeln verursacht bedeutsame Leidenszustände oder Beeinträchtigungen in sozialen, beruflichen oder anderen wichtigen Funktionsbereichen.
   d) Potenziell schädliche physische oder psychische Konsequenzen halten die Person trotz besseren Wissen nicht davon ab, das Training, Diätverhalten oder die Einnahme leistungssteigernder Mittel weiter fortzuführen.
3. Im Gegensatz zu Anorexia nervosa, bei der die Betroffenen Angst vor Übergewicht haben und der Körperdysmorphen Störung, bei der sich die Sorge auf spezielle Körperteile bezieht, befürchten Personen mit Muskeldysmorphophobie, dass ihr Körper zu klein oder zu wenig muskulös sein könnte.

Quelle: Brunhoeber, Stefan (2009): Kognitive Verhaltenstherapie bei Körperdysmorpher Störung. Ein Therapiemanual. Göttingen: Hogrefe Verlag, S. 13 f.

Danksagung

An dieser Stelle möchten wir uns ganz herzlich bei der Diplom-Psychologin Maria Siffert-Heinz bedanken, die uns während der Anfertigung dieses Buches durch ihr stetes Interesse an Inhalt und Fortgang der Arbeit unterstützt und motiviert hat.

Sie gab uns nicht nur immer wieder durch kritisches Hinterfragen wertvolle Hinweise, die uns beispielsweise aufzeigten, an welchen Stellen noch weiterer Erklärungsbedarf bestand. Vor allem ihre tiefe, uns immer wieder ermutigende Überzeugung, dass das Thema unserer Arbeit und so auch unser damit verbundenes Anliegen von besonderer sozialer Relevanz sind, hat einen großen Teil zur Vollendung des Buches beigetragen.

Vielen lieben Dank!

Zeitfracht Medien GmbH
Ferdinand-Jühlke-Straße 7
99095 Erfurt, Deutschland
produktsicherheit@kolibri360.de